弱小チームを自律組織に育てる

丸投げマネジメント論

大山正修

はじめに

今私は岐阜市内で「世界ちゃんとモゲル丸先生の元気なクリニック」という内科、胃・大腸カメラ検査、整形外科を標榜するクリニックと、放課後デイサービス、日中一時支援、生活介護・共生型通所介護の複合施設と、病児保育施設を運営しています。

クリニックは日曜日、祝日は午後4時半、平日は午後10時まで診療を受け付けていることもあり、おかげさまで多くの岐阜市民のみなさまに受診していただいております。新型コロナが猛威を振るい始めてからは積極的に発熱の患者さんを受け入れてきました。岐阜県内のコロナ患者さんの４％が当院で診察を受けた計算になります。

毎日押し寄せる患者さんたちに、足りない医療物資。コロナ禍では感染防止対策を含めて、これまでに経験をしたことがないオペレーションを余儀なくされました。さぞかし優秀なベテランチームが対応したんだろうとお考えかもしれません。ですが、私たちのチームの看護師はほとんどが10代から20代前半の学生アルバイトです。技術も知識も発達途上の彼らとともに、終わりのないコロナとの戦いを進めてまいりました。なぜ私たちのチームは少人数で多数の患者様を受け入れ続けることができたのか。その理由は私が失敗から学んだ徹底した丸投げのマネジメントにあります。丸投げマネジメントにより、一致団結した自律した組織が育ち、スタッフ発の新規事業も立ち上がりました。本書では私が試行錯誤の中で編み出し、進化させ続けている少数チームのマネジメントについてお伝えしたいと思います。クリニックの運営でお困りの先生はもちろんのこと、部下のマネジメントのお困りの管理職の皆様のお役に立てるマネジメント論です。「どうも部下が思うように動いてくれない」「結果が出せない」とお悩みの方がすぐに実践していただけるメソッドを集約しました。

大山正修

もくじ

第四章　事業をスケールするために……111

第一章
私の半生

日本で育ち韓国で医学を学ぶ

私のルーツは韓国にあります。両親は在日韓国人二世で、祖父の代に日本に来ました。父親は事業を営んでおり、祖父は不動産業を営む事業家の家系です。私は、医師を目指したというよりも、気がついたら医師になっていたというタイプです。母親が看護師だったこともあり、漠然と医療職に就くだろうというイメージは持っていました。

私が進学した大学は韓国の大学です。両親や祖父は「子どもたちのうち誰か一人は韓国で学んでほしい」という希望をずっと持っていました。私は長男ということもあり、祖先が暮らした韓国の地で学んでみたいという思いもありました。

韓国の医学部への進学は帰国子女枠もあり、試験科目は数学、化学、物理、生物のみです。ネイティブの韓国人が韓国の医学部を受験する場合は、科目選択制ではなく全科目受験ですので、大変な努力をして受験戦争を勝ち抜く必要があります。しかし、私は彼らと比べればそれほど大きな苦労はしなかったように感じています。

韓国の医学部では、授業は英語で行われます。理系分野はどれもそうですが、論文を含め英語ベースで進行します。私の母語は日本語で、韓国語は大学進学が決まってからの1年間に学んだ程度でしたが、英語で書かれた論文や教科書は想像以上に理解しやすく、スムーズに学ぶことができました。

とはいえ、韓国での学生生活で苦しかったこともあります。それは、彼らが心の底から勉強が好きであることです。彼らは朝起きて当たり前のように勉強をし、その後講義を受け、大学の1日のカリキュラムが終わった後も机に向かいます。3時間や5時間の勉強は当たり前です。

さらに、試験前の追い込みはすさまじいものがあります。彼らは徹夜もいといません。

私はもともと勉強が好きなタイプではなかったので、その雰囲気に圧倒されました。しかし、韓国の**トップレベルの頭脳を持つメンバーの中で切磋琢磨できたことは、私にとって大きな財産となりました。**

日本の大学病院での勤務と挫折

韓国で医師免許を取得した私は、韓国で暮らそうと心に決めました。
韓国では日本とは異なり、初期研修は必須ではありません。早く現場で多くの人を助けたいと考えた私は、初期研修を受けずに小児科の臨床やHyundaiの産業医として経験を積んでいました。しかし、しばらく現場にいると、医者としての王道であるインターンが必要だと感じ、母校の研修センターで研修を受けることにしました。

すると教授が「日本から来たのであれば、日本で学ばなければもったいない」と言われました。特に消化器の先生は、「日本の胃カメラの技術は素晴らしいから、日本でも医師免許を取得して日本で学んだ方がよい」と熱心に勧めてくださいました。韓国の医者が日本の胃カメラを学びたくても、せいぜい見学しかできませんが、日本国籍を持つ私であれば日本の医師免許を取ることができ、最先端の大学病院で胃カメラを学ぶことができます。

その教授の叱咤激励に背中を押され、私は日本でも医師免許を取得することに決めました。韓国と日本の医学部はほぼ同じカリキュラムのため、医師国家試験にさえ合格すれば、日本でも医師資格が取得できます。１年半ほど勉強をして無事に医師国家試験に合格し、日本での医師人生がスタートしました。

そして、消化器全般が強いということで名古屋大学を初期研修の地に選びました。ところが、消化器内科で胃カメラを担当していた際、上司との相性がどうしても合わず、その上司がいるだけで体が動かなくなるほどでした。最終的にはうつ病を発症し、大学病院を後にしました。

「**私は上司がいる組織ではうまく働けない**」と学びました。

このとき、私はなぜかセカンドチャンスだと感じました。環境をがらりと変えたら良いのではないかと。

このとき、私はなぜかセカンドチャンスだと感じました。環境をがらりと変えたら良いのではないかと思ったのです。そこで開業医の先生に臨床について学ばせていただき、胃カメラについては岐阜中央病院で症例を重ねました。**大学での経験はネガティブなものでしたが、後から振り返ると、自分の医者としての人生の方向性が決まる貴重なチャンスだった**と思います。

開業半年で従業員がゼロになる

開業当初のモゲル丸クリニックは順風満帆とはいえませんでした。

各方面からベテラン勢を揃え、意気揚々と開業したものの、スタッフの不満は常にくすぶり、私は皆の話を聞いて何とかクリニックの運営を円滑に進めようと心を砕く日々が続きました。

それでも一度火が付いた不満の種は消えることなく、**気付けば事務スタッフ以外のすべての従業員が退職する事態に至りました。**

これが、私がクリニックの運営の根幹を見直すきっかけとなった出来事です。

そして、私のクリニック経営は大失敗のうちにスタートしました。

リスタート

その後、考えを改めて、組織をゼロから構築し直しました。まずは、私一人でもクリニックを運営できるように仕組みを整え、医療事務スタッフの負担が減るように、ITシステムも積極的に取り入れました。また、医療スタッフに関しては、准看護師の資格を持つ看護学校の学生を中心に雇用しました。

採用はすべて現場に任せ、私は一切口を出さないことに決めました。
スタッフから上がる改善の提案には異論を挟まず、素早く導入し、働く環境や働きやすさにもテコ入れしました。そうやって**現場の判断に委ね、口を出さず、資金だけを提供するスタイル**で、組織が育つのを見守ることにしました。

その結果、現在のモゲル丸クリニックとそのグループ施設が存在します。
そして私たちは今、2つのことを成し遂げつつあります。

1つは、岐阜エリアにお住まいの皆様に、コロナ禍であっても良質な医療を提供し続けること。そして、より多くの方々がアクセスしやすい福祉サービスを提供することです。

結果的に**岐阜県内のコロナ患者のうち4％を私たちが診察をしました。**

これは私のマネジメント能力が優れていたからでも、スタッフが特別に優秀だったからでもありません。

私たちのクリニックでは、**スタッフ一人ひとりが自分の持つ力を100％発揮し、より良い医療を提供しようと真摯に考えてくれているからです。**

これはクリニックに限らず、事業会社にもいえることですが、**従業員が自社の事業のことを本気で考え、取り組む組織は必ず成長します。**

第二章では、従業員が組織のために積極的に働くコツや、ミニマムな組織での管理職のマネジメント方法について解説します。

明日からでもすぐに取り組めるものばかりをピックアップしていますので、組織マネジメントや部下のモチベーションの引き出し方、組織内のトラブルでお困りの方は、ぜひ読み進めてみてください。

第二章
モゲル丸流丸投げ組織マネジメント

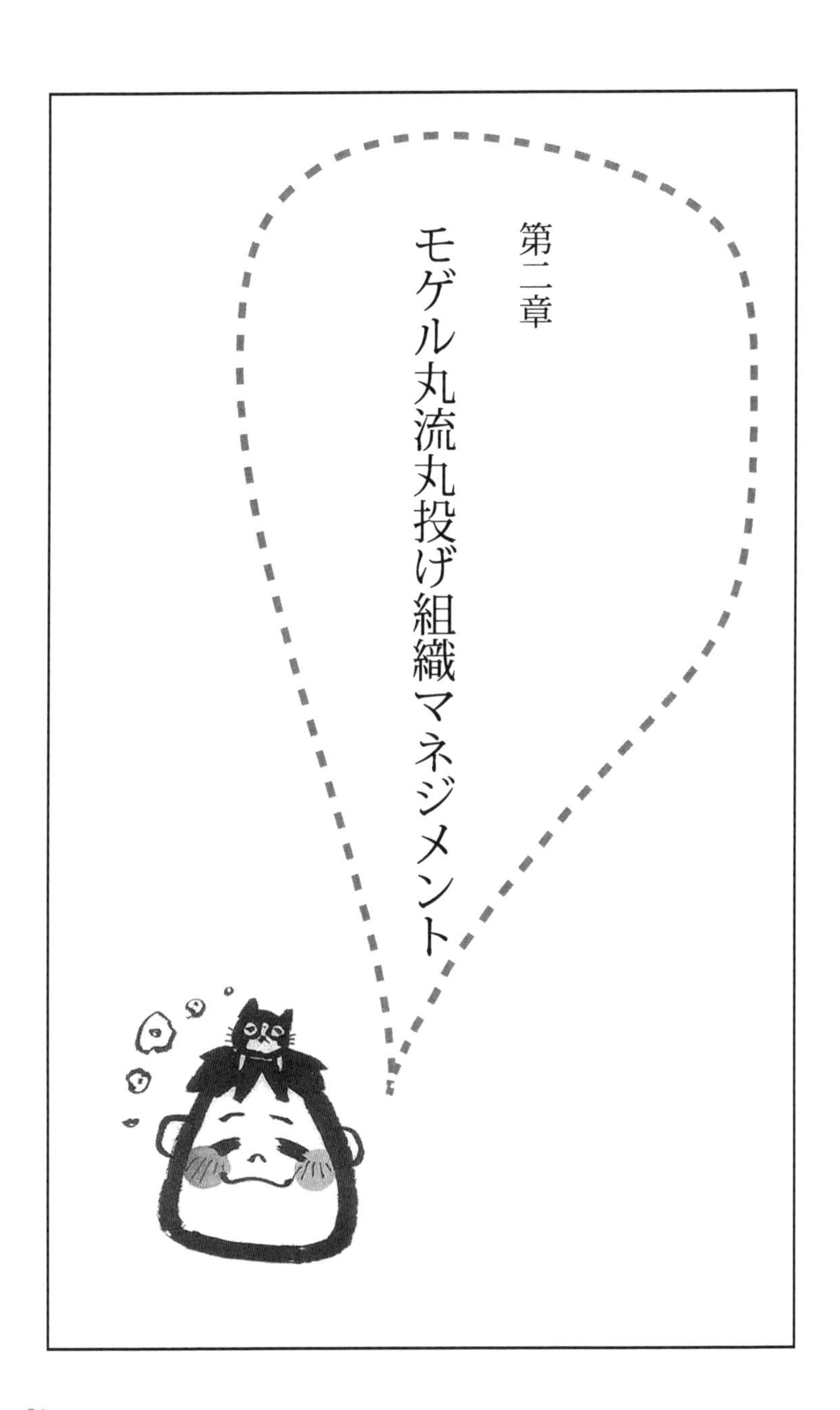

私はクリニックとスタッフが成長できた理由は、**丸投げマネジメントにある**と考えています。導入する機器や採用、選考の決定、運営のルールまで、すべてを部下に任せました。徹底的に部下を信頼して任せることで、彼らは自律的に動けるようになるのです。

とはいえ、突然「丸投げしろ」と言われても無理があるでしょう。

そこで本章では、丸投げを始めるための準備から、実際のマネジメント方法までを段階を踏んで解説します。すべてを実践しようと気負う必要はありません。できそうなものから、ひとつずつ挑戦していただければと思います。

モゲル丸流丸投げ組織とは？

私が提唱する「丸投げ組織」とは、**スタッフの自主性を重んじ、スタッフがいきいきと本領を発揮できる組織のことです。一人ひとりが自分で考え、自律的に行動できる組織**を指します。

丸投げ組織が完成すれば、リーダーの仕事は方向性を示すこと、責任を取ること、決済を行うことなど、限定的なものとなります。すると、**リーダーは事業の業務効率化や業務環境の改善に注力できるようになり、その組織は飛躍的に成長します。**

実際に、当院の元パート看護師は自ら考え行動し、放課後デイサービスやデイサービス等のサイドビジネスを立ち上げ、見事に成功させました。今や、その事業は年収3億円を稼ぎ出すまでに成長しています。

まず第2章では、丸投げ組織を作るために必要な3つの要素について説明し、第3章以降では、それぞれの要素を実現するための具体的な方法を解説していきます。

丸投げ組織を構築するために必要な要素①最適な採用方法を確立しておく

私は今の「丸投げマネジメント」に辿り着くまでに、いくつもの失敗を経験しました。そして、失敗するたびに新しいやり方を模索し、最終的に「丸投げできる組織」を作り上げていきました。まずは、丸投げを行うための基礎作りから始めましょう。

丸投げ組織のために必要な要素①最適な採用方法を確立しておく

事業を成功させるための最重要要素のひとつは、人材の確保です。どんなに経営者が優秀であっても、働いてくれる人がいなければ事業は拡大できません。医師一人で診られる患者さんの数には限りがあります。だからこそ、自分の組織に最適な採用方法を確立しておく必要があります。

すでに人員が揃っている場合でも、採用問題から目をそらすことはできません。チーム全員が優秀で、長く働いてくれることが理想的ですが、それぞれ家庭の事情等があります。従業員は必ず退職してしまうものだと認識しておくべきです。

当院では採用での失敗を繰り返しながら、採用課題の解決方法を見出してきました。しかし、採用手法については組織の規模感や報酬、地域性等によって異なります。一概に「これがベストだ！」とは言えません。ここでは、私が試行錯誤の中で確立した採用手法を紹介しますが、あくまで参考程度にご覧ください。

●リファラル採用
●患者さんをスカウト
●ハローワーク

ずいぶんと古いスタイルの採用だと感じたかもしれません。しかし、最近は多くの採用媒体が存在し、医師や看護師など医療従事者に特化したものも多いです。都市部では、そういった媒体を使用しなければ人が集まらないと聞きますが、私がクリニックを運営している岐阜県では、上記の手法でも十分に人が集まります。目新しいものを取り入れるのも良いですが、地域性や住民のネットリテラシーを考慮して、真に最適な方法を選ぶことが大切です。そして、これらの採用手法の根底にある理念は、徹底したダイバーシティです。

丸投げ組織を構築するために必要な要素
②心理的安全性が高まっている

丸投げ組織を構築するための大前提は**心理的安全性の確保**です。心理的安全性とは、組織内で自分の意見や気持ちを安心して発言できる状態を指します。具体的には、以下の３つのサインが確認できるチームは、心理的安全性が高いといわれています。

- **前向きな発言が多い**
- **成功体験やミスの話についても言及できる**
- **笑いとユーモアに溢れている**

当院では、これら3つのサインを満たしていると感じています。もちろん、まだまだ完璧とはいえませんが、他のクリニックから転職してきたスタッフに話を聞いてみると、風通しが良く話しやすいと言ってもらえます。

心理的安全性が高まった組織にもたらされる恩恵は次の通りです。

●個々のパフォーマンスが向上する
●アイデアが生まれやすくなる
●コミュニケーションが活発になる
●離職率が低下し、人材が定着しやすくなる

心理的安全性が高まることで、小規模組織の課題の多くが解決できることがお分かりいただけるでしょう。

心理的安全性を確保するためには、クリニックであれば院長、企業であれば経営陣やマネジメント層の努力が欠かせません。心理的安全性を高める方法については、後ほど詳しく解説します。

丸投げ組織を構築するために必要な要素③リーダーが安心して丸投げできる仕組みが構築されている

丸投げするためには、**リーダー自身の変革が必要**です。

「とにかく部下に任せてください。手を出さないでください」と言うのは簡単ですが、それを実行することは難しいものです。ついつい手や口を出してしまいます。だからこそ、仕組みを作り、丸投げできる体制を整えておく必要があります。

丸投げできる仕組みとは、リーダーが安心して丸投げできる体制のことです。その体制は組織の規模や業種によって異なります。当院の場合、「チームメンバーがゼロやそれに近くなっても回る仕組み」を作ることで、私は丸投げできるようになりました。当院のような小規模クリニックであれば、「院長がひとりで回せる仕組み」さえ作っておけば十分です。事業会社においては、**丸投げしてもリーダーがプロジェクトの進行を確認できるシステム**がこれに該当します。このシステムを形骸化させず、業務の中ですべてのメンバーが適切に使用することが前提となります。

丸投げ組織のために必要な要素
④リーダーが明確なビジョンを持ち、メンバーに周知されている

マネジメントについて話すとき、どうしてもテクニック論に走りがちです。メンバーのタスクやスケジュール管理、円滑なコミュニケーションの取り方、プロジェクトを成功に導く方法や経営戦略の立て方など、個別具体的な話に細分化され、本来目指すべきものややるべきことからそれてしまうことがあります。私がリーダーにとって最も大切だと考えているのは、リーダーのビジョンと組織の目

標です。

近代以降、多くの企業が誕生しては倒産してきました。2024年現在S&P500に採用されている企業ですら、9割は10年後に存続していないといわれています。

一方で、100年以上の歴史を誇る企業の中には、主軸となる事業を切り替えながら成長を続けている企業もあります。存続できる企業とできない企業の大きな差のひとつは、時代の変化を敏感に察知し、新しいことに挑戦しながら既存の事業も継続させる力です。

新しいことへの挑戦と既存の事業の継続を成功させる要素は複数ありますが、最も**重要な要素はリーダーシップであると考えます。**強烈なリーダーシップを持つ**リーダーが、明確なビジョンを掲げ、組織を牽引することで、強固な企業が築き上げられていくのです。**

本書では、リーダーにビジョンが必要である理由と、それを周知する方法についてもお話しします。

第三章 すぐに実践できる！モゲル丸流組マネジメントメソッド

本章では、私が実践している組織マネジメントメソッドを実際の事業に適用する方法について説明します。具体的な事例を交えながらお話ししますので、ぜひ実践できそうなものは積極的に取り入れてみてください。

人手不足に陥らないための採用方法

今でこそクリニックの運営が軌道に乗っていますが、開業当初は大変苦労しました。スキルやキャリアに申し分のないメンバーを集めてスタートしたものの、うまくいかないことが多く、どの職掌からも不満が噴出しました。最終的にはメンバーが私一人だけになってしまいました。これは大失敗でした。

その失敗から私は多くのことを学び、現在では採用や人材に関する問題はほとんど解決しました。具体的な手法について、さっそく解説していきます。

メンバー層の採用はすべてメンバーに任せてみる

「人は集まるんだけど、なかなか定着しない」
「採用しても採用してもすぐにやめてしまう」

採用あるあるといえる悩みですね。どんな組織でも、人材の定着率について悩んでいることが多いかと思います。私も開業1年目にスタッフがほぼゼロになるという大失敗を経験し、定着率について悩みました。そして、ひとつの結論にたどり着きました。それはそれは「**メンバーの採用はメンバーに任せること**」です。

主に看護師の採用は看護師に、医療事務の採用は医療事務のメンバーに任せています。私は面接にも出席せず、履歴書も見たことがありません。その結果、気づけばメンバーが増えている状態です。

なぜ私が任せるようになったのかというと、「新人さんと一緒に過ごす時間が長いのはメンバーだから」です。メンバーたちが自分の目で「**この人なら一緒に働きたい**」**と思える人を採用**すれば、受け入れるメンバー側も納得感を持つことができます。

また、メンバーに採用を一任することで、メンバーは「**自分ごと」として、面接や選考に関われる**のです。メンバーひとりひとりが「自分ごと」と捉えて行動できる領域を増やすことは、採用以外にも良い影響を与えますよ。

様々な採用媒体を試してみる

採用媒体には様々な種類があります。地方都市では、いまだにハローワークが健在です。医療職専用の求人サイトもあり、両手では数え切れないほどの求人サイトが存在します。また、院内に求人チラシを貼ったり、クリニックのホームページに採用情報を掲載する方法もあります。

人を雇おうと思ったときに、どの媒体を使えばよいのか迷うことがありますが、まずは無料のものを片っ端から試してみるのも一つの方法です。**採用媒体によって求職者の属性や年代に特徴があり、地域差もあります。**まずは試してみなければ、自分の組織に合った採用媒体かどうかは判断できません。

たとえば、ハローワークは昭和の採用媒体というイメージがありますが、40代以上は仕事探しと言えばハローワークというイメージを強く持っている方も少なくありません。

「若手を引っ張ってくれるベテラン事務スタッフが欲しいな」と考える場合は、**あえてハローワークに求人を出すことで、狙った世代の人材が集まりやすくなります。**

若い世代を狙いたければウォンテッドリーのように、カジュアルに面接や応募を申し込める媒体がおすすめです。

また、院長やリーダーがSNS運用に長けているのであれば、TwitterやInstagramでの募集も考えてみると良いでしょう。ハローワークやSNSでの募集には一切費用がかからないため、誰も応募しなくても損失はありません。気軽に募集を出してみましょう。

意外といいぞ！ リファラル採用

当院では今風で言うリファラル採用に積極的に取り組んでいます。

リファラル採用とは、昔で言うところの縁故採用に相当します。看護師や事務スタッフに「良い人がいたら紹介してください」とお願いしています。紹介してくれた方が入職した際には、紹介者に報酬を支払うというスタイルです。

この方式は思いの外うまくいっています。特に**スタッフが元同僚を紹介してくれた場合は、ほぼ失**

敗がありません。彼らは働きぶりをよく知っているため、「この人なら大丈夫」と信頼できる人を連れてきてくれます。

実際、当院の主力となっている看護師は、複数の元同僚を紹介してくれました。そのおかげで、看護師たちは非常に優秀で、結束力も強く、素晴らしい成果を上げています。

ただし、リファラル採用は、紹介してくれる優秀な人材がいることが前提です。

類は友を呼ぶと言うように、人は自分と似た人と仲良くする傾向があり、**優秀な人材の周りには優秀な人材が集まりますし、仕事への意識が低い人の周りにはそういった人しかいません。**そのため、リファラル採用は「優秀な人材が集まりつつある」と実感したときに始めるのが良いでしょう。

ちなみに、私は開業当初に縁故採用を行い失敗しました。メンバーが問題だったわけではなく、私がマネジメントに失敗したのです。**組織のリーダーや経営者は、メンバーの誤りを正し、方針を示す必要がありますが、私が知人を雇用してしまったため、何も言えなくなってしまいました。**

たとえば、ある日「先生、今日は15人も患者さんが来てくれましたね！　嬉しいですね！」と言われたとき、私はノーと言えませんでした。心の中では「100人くらいは患者さんが欲しいな」と思っていても、メンバーを否定することができなかったのです。

その結果、メンバーたちは「先生は患者さんが15人来てくれたら満足するんだ」と考えてしまい、事業の拡大が望めなくなりました。従業員が15人で満足してしまえば、それ以上患者さんが増えることはありませんし、患者さんが増えた際には「忙しすぎる」と不満を感じるようになります。

私の縁故で採用したメンバーだけでクリニックを運営していたときに、まさにその状況になってしまい大きな挫折を味わいました。そのため、**私は自分の縁故や知人を採用すべきではないと肝に銘じています。**これは当時のメンバーに落ち度があるのではなく、私自身の問題です。自分の知人を雇用しても毅然とした対応ができると自信がある方は、リーダーによるリファラルも前向きに取り入れて問題ないと思います。

リファラル採用には注意点はあるものの、人材不足を解消する方法としては優れていますので、ぜひ試してみてください。

雇用した人材を定着させるために【オンボーディング】

どんなに優れた採用手法を見つけたとしても、すぐに辞められてしまっては意味がありません。ここでは人が辞めない組織を作るための土台作りについてお話をします。ポイントは「**働く目的を叶えること**」と「**スタッフに寄り添いすぎないこと**」です。

人手不足と無縁になるための特効薬は組織の活性化

現在、医療業界は人手不足が顕著です。看護師や検査技師、事務スタッフなど、あらゆる職種が不足しています。コロナ禍はその傾向に拍車をかけました。

2020年8月には、東京の大学病院で看護師400人が一斉に退職するという前代未聞の出来事があり、医療業界に激震が走りました。この事例は極端ですが、医療機関の規模を問わず、コロナ禍がもたらした業務量の増加や医療従事者への偏見、恐怖感から看護師が退職する事例は珍しくありません。

その中で、当院では看護師の離職率が非常に低く、求人広告を出さなくても人が集まる状態が続いています。私たちが人材不足に陥らない理由はいくつかありますが、ここではその一つについてお話しします。それが「患者様が働きたいと言ってくださること」です。

実は当院のスタッフの中には「元患者様」が何人もいます。患者様として来院された方をスカウトしたり、患者様が求人の張り紙を見て応募してくださったりしています。

なぜ患者様が当院で働いてくれるのか。

元患者様である現スタッフに聞いてみると「活気があったから」と答えてくれました。そのスタッフが患者様として診察を受け、帰宅しようとした時間が午後10時過ぎだったといいます。そのとき、当院のスタッフは「これから往診なんだけど」と言いながら、往診について打ち合わせをしていました。それを見て、「こんな夜遅くまで元気に働いていて、活気がある職場だなあ」と感心したそうです。

普通に考えると、午後10時から往診業務がスタートする勤務先は避けたくなるかもしれませんが、そのスタッフはむしろそれがきっかけで働くことになりました。

この一連の流れが示唆しているのは「**働くことに意欲的な人は自然に活気あふれる職場や忙しそうな職場**」**に惹きつけられるということです。**

採用にコストと手間をかけているのに、良い人材が集まらないとお困りの方は、一度ご自身の組織を客観的に観察してみてください。

●あなたの組織には活気がありますか？
●従業員は常に手を動かしていますか？
●笑顔はありますか？

どんよりとした雰囲気であれば、赤信号です。組織を活性化するためのテコ入れを始めましょう。

働く喜び、目的を叶えられる業務を任せる

当院の看護師の多くは看護学校の学生さんです。

「学生さんで大丈夫なの?」と思われるかもしれませんが、彼女たちは正看護師と同じように働いてくれます。正規職員と同じように責任を持って業務を遂行してくれます。アルバイトの腰掛け感覚ではありません。**自分の頭で考えて自律的に動ける人材ばかりです。**

なぜ彼女たちは主体的に取り組めるのかというと、私は彼女たちを一人前の看護師として扱っているからです。報酬は正看護師と同額を支払っていますが、それだけが理由ではありません。**人間は報酬が高ければ真面目に働くかというとそんなことはありません。**

彼女たちがしっかりと任務を全うしてくれる理由は、**仕事のやりがい**にあります。

通常の医療機関では看護学生にはオムツ交換など、介護士さんが行う業務を割り当てがちですが、

看護師として働きたい彼女たちが本当にやりたいのは看護師としての業務です。不本意な仕事に本気で取り組める人は少ないでしょう。だからこそ、私は彼女たちを一人前として扱い、一人前として叱ります。

正看護師であっても2年間は採血させないという方針の医療機関もあるといいますが、当院ではすぐに採血も担当してもらいます。そうやって**責任ある医療行為を任せることで、彼女たちのモチベーションが高まり、組織内で能力を存分に発揮するようになるのです。**

これは看護師に限ったことではありません。

どんな仕事であれ、本人がやりたいと考えている業務やそれに近い業務を任せることで、モチベーションは高まります。

「**従業員が思うように動いてくれない**」

「**想定していた業務量の半分しか働いてくれない**」

こんな悩みを抱えている院長や経営者は、従業員との対話の機会を設けてみましょう。彼らがやりたい業務についてヒアリングを行うと、問題の所在が見えてくるかもしれません。

地域の平均給与よりも高い給与を支払うこと

私は当院で働く多くのスタッフに、地域の同職種の平均給与よりも高い給与を支払っています。ほとんどの人は、平均より高い報酬を受け取ると、それに見合った働きをしてくれるからです。組織マネジメントの定説として、**自分が想定しているよりも高額の報酬を受け取っている人は、期待以上の成果を出す**といわれています。逆に、**平均以下の報酬しか受け取っていない人は、与えられたタスクもこなすことはできない**といいます。

また、平均以上の報酬を支払うことは雇用主にもメリットがあります。それは、指示・指導に対する正当性の付与です。

平均以上の報酬を支払っているということは、平均以上の成果を求めているということを示しています。雇用主は「平均を超える報酬を支払っているのだから、ここまではやってもらわなければ困る」と伝えることができます。

組織のビジョンに沿った評価体制を構築し、給与に反映させること

平均以上の給与を支払うことだけでは不十分です。その従業員が組織の成長に貢献しているのであれば、相応の昇給を実施する必要があります。

ここは、私がまだ手をつけられていない領域なのですが、**組織の成長や業績拡大につながる働きをした人に対しては、評価をして給与に反映させる必要があります。この際に重要なことは、評価の項目と方針が会社のビジョンと一致していることです。**

たとえば、売上5%アップを掲げている食品メーカーの営業部署の人事評価制度が「顧客満足度」に偏重していると、営業担当は売上アップよりも顧客満足度の向上に重きを置いた営業活動を行うでしょう。これは極端な例ですが、こういったミスマッチは珍しくありません。人事評価制度は、組織の成長およびビジョンと一致するように策定しておかなければ無意味です。

現在のもげる丸クリニックグループにおける昇給は、私の一存で決まります。

「**この人は組織のことを考えて動いてくれている**」

「**結果を出してくれている**」

とわかった瞬間に、昇給を決定します。

昇給時期や金額に関するルールはありません。クリニック1つを運営しているときはこの方法で十分でしたが、運営する施設が増えてきたため、この方式には限界があります。各施設を任せている責任者に私と同じような判断をさせるわけにはいきません。

どんなに頑張っても辞める人は辞めることも理解しておく

私たちは採用では困っていないとは言いましたが、実際には入職してすぐに退職するスタッフもいます。

「**思ったより忙しかったから**」

「**レベルが高い仕事を任せられるから**」

などなど理由は様々です。

ですが私は辞職の意思を持った人は引き止めません。

その理由は、前にもお話したように、**辞めたい人は組織にネガティブな影響を与える**からです。しかし、それだけではありません。

組織と人には必ずアンマッチがあります。お互いに好き同士で付き合っているカップルでさえ、意見の相違や価値観の違いで別れることがあります。永遠の愛を誓って子どもを持った夫婦でも、離婚を選択することがあります。たった二人の人間ですらうまくいかないことがあるのです。

規模が小さいとはいえ、組織と人間の相性はさらに難しいですよね。

働き始めてから「こんなはずじゃなかった」と思うことは当然ですし、しばらくしてから違和感を覚え始めることもあります。だから、**組織に合わない方を引き止めることはお互いにとって不幸しか生みません。**モゲル丸クリニックでうまくいかなかったスタッフが、他のクリニックで頭角を発揮し、バリバリ活躍できるかもしれません。

当院は業務量が多いですし、夜のシフトもあります。人によっては理想的な働き方ができないかもしれません。のんびりとした雰囲気のクリニックで最低限の業務だけをこなしたいという人には、苦しい環境かもしれません。

しかし、中には「技術と知識をさらに身につけたいから」と当院の環境を最高だと感じてくれる人もいます。

「活気がある中で働いていると楽しい」と受け止める人もいます。

そういった人たちにとって、当院は願ったりかなったりの環境です。

このように、組織と人には相性がありますので、すぐに退職するスタッフがいても経営者層は気に病まないことです。

「**うちには合わなかったんだ**」**とどしんと構えていればよい**のです。

ただし、採用しても採用してもすぐに人が辞めてしまう場合は、勤務環境や業務内容、人間関係に深刻な問題が隠れている可能性があります。日頃は丸投げしている場合でも、**現場のスタッフにヒアリングする機会を設けてみましょう。**

部下の愚痴は聞くだけ

私が丸投げに踏み切った理由のひとつは、開業したばかりの頃に手と口を出しすぎてすべての従業員を失ったからです。

私は1人のスタッフが辞めたいと言えば丁寧に向き合って話を聞き、解決策をアドバイスしていました。給与が少ないと言われれば、増額を申し入れました。すると今思えば当然ですが他のスタッフからも不満が噴出します。

「なぜあの人だけ給料が上がるのか」と他のスタッフは昇給を要求してきます。私は昇給に応じました。ところが、そうやって丁寧にケアをした人たちは数か月で辞めてしまいました。すると残った人たちの業務量が増え、不満が募りました。気がつけば、1人の医療事務を除く全員が退職してしまっていました。

結局辞める人は辞めるのです。

それ以降、私は辞めたいと申し出たスタッフについては引き止めないことにしました。

一度「辞めたい」と管理職や上司に伝えた人は、遅かれ早かれ辞めてしまいます。働いていれば誰しも辞めたいと考えることはありますが、それを口に出した時点でもはやその思いは止められなくなるのです。

今、私は部下から悩みを相談された場合、アドバイスは一切しないと心に決めています。

もちろん、医療の知識やスキルに関する相談であれば喜んで答えますが、愚痴に関してはひたすら聞くだけです。1時間でも2時間でも真摯に耳を傾けます。そうすると、ほとんどのスタッフはスッキリした顔になるのです。この手法を取り入れてから、組織に必要な人材は辞めず、合わない方は早めにご自身で見切りを付けて、新天地を探すために飛び立っていきました。スタッフにとっても組織にとってもミスマッチは好ましくありません。

ここのポイントは「**聞くだけ!　アドバイスしない!**」です。

部下に寄り添い、親身になって助言をしていた方は、明日から聞くだけスタイルを取り入れてみてください。

多忙になれば愚痴も減るし成長できる！仕事量は増やす

不思議なことに、人間は暇になると余計なことを考え、不満が増えることがあります。

私が開業した当初、クリニックは正直に言って暇でした。固定給のスタッフにとっては、暇な方が楽なはずです。患者さんが来なければ体力的にきつくありません。しかし、**暇であればあるほど不満が増えていく**のです。

「10人も患者さんがきて大変でした」とスタッフは言います。

しかし、大変なわけはありません。診療時間が6時間であれば1時間当たりの患者さんは2名弱です。問診票を書いてもらい、診察室にご案内する一連の流れを含めても、看護師が業務にあたっている時間は20分もないでしょう。

忙しいことはありえませんし、接遇において辛い思いをしているはずもありません。それにもかかわらず、「大変だ、大変だ」と言います。

何故なのか、それは暇すぎるからです。**暇を持て余すと人間はネガティブなことを考えがち**です。

「**さっきの先生の態度は冷たかったんじゃないか**」

「**同僚の●●さんが私のほうをじっと見ていたけれど、何か言いたいことがあるのではないか**」

こうして後ろ向きなことばかり考えて鬱々としてしまい、不満が溜まり、やがて爆発してしまいます。

現在は非常に忙しく、100人を超えることも珍しくありません。しかし、スタッフから当時のような愚痴が出ることはほぼありません。

私は、**活気があることでスタッフは不満を覚えにくくなり、成長の機会も与えられると考えています。**

実際に、コロナ禍に当院で働いていたスタッフは短期間で驚くべき成長を遂げました。「**売上はすべてを潤す**」、これは私のモットーのひとつです。売上が増えて利益が出ている組織では、ジメジメとした愚痴は聞こえません。

スタッフがゼロになっても回る仕組みを作っておく

　ここまでお話ししたように、当院では採用について様々な工夫をしています。しかし、この方法が未来永劫うまくいくとは考えていません。かつては、都内でもハローワークの無料求人で人が集まっていましたが、今では有料の求人サイトを活用しても人が集まりにくい時代です。このまま少子高齢化が進めば、さらに採用が難しくなることは明らかです。

　だからこそ当院では**たとえスタッフがゼロになってもクリニックを運営できるような仕組みを整えました。**自動精算機と電子カルテを導入し、看護師たちの無駄な業務を削減し、最適化を図っています。

　こうして仕組みを整えることで、たとえ医師が１人になっても診療を続けられるようになります。点滴が必要な患者さんには私が対応すればよいですし、事務手続きも私が担当すれば済むのです。ゼロになっても問題がない仕組みを作っておくことで、院長やリーダーがどんと構えることができるようになります。

スタッフがゼロになっても回る仕組みを整えることで生まれる副次的な効果は、リーダーや院長が「**あなたたちが辞めてもいいからね**」という態度を取れるようになることです。

もし本当にスタッフがゼロになったら、院長は忙しくなるでしょう。私も本当にスタッフがいなくなってしまったら大変な目にあうでしょう。でも、しかし、私が働き続ける限り、収入がなくなるわけではありません。からこそ、**スタッフの「辞めたい」に振り回されることなく対応できるのです。**

働きたい人が働きやすい勤務時間、形態を選択する

当院では採用にコストをかけていません。学生アルバイトの看護師が口コミで仲間を紹介してくれることもありますし、時には看護師が患者さんをスカウトすることもあります。

この手法で採用がうまくいっている理由の一つに、勤務時間の設定があります。当院は午後10時ま

で診療を行っています。通常のクリニックは、遅くても午後7時までの診療が一般的です。

この3時間の違いが、学生さんにとって働きやすい環境を生み出しています。学生さんの本業は勉強ですので、昼間は看護学校や高校に通っています。そのため、一般的な内科や小児科でのアルバイトはほぼ不可能です。しかし、当院では午後10時まで診療があるため、午後5時から10時までのシフトで働くことが可能です。

学生さんたちにとっては、まさに理想的なアルバイト先です。他の医療機関では経験できない医療行為を行える上に、学業とアルバイトの両立も容易にできます。

この手法は、他のクリニック、業種でも実現可能です。**働きたい人が働きやすい時間帯に働けるようにすることは、それほど難しいことではありません。**たとえば、事業会社で顧客対応がない部門であれば、フレックスタイム制を導入するだけで、子育て中の父親や母親、介護中の方々にとって大変助かるでしょう。始業時間や就業時間がネックで働けなかった層を一気に取り込むことができます。

さらに、**フレックスタイム制とテレワークを組み合わせれば、採用活動はより効果的になるでしょう。**

テレワークによる生産性の低下については、まだ結論がでておらず賛否両論といったところですが、フレックスタイム制は、顧客対応がなければ、ほぼ支障がでることはありません。思うような人材が確保できず、採用コストがかさんでしまうとお悩みの経営者さまや採用担当者さまは、ぜひ検討してみてください。

従業員同士が親睦を深めるためのコストと時間は惜しまない

昔の日本企業では、忘年会や新年会、暑気払いなど何かと飲み会を開催していました。社員旅行や研修旅行という名目で、バスを貸し切って温泉宿に泊まるといったイベントを開催していた会社も少なくありませんでした。

最近では、コロナの影響もありますが、若い世代を中心に、勤務時間外で会社との関わりを避ける風潮が広がっており、社員旅行どころか飲み会の頻度も減少しているといいます。

私自身も、参加が強制される飲み会には賛成できません。

ですが、**従業員同士の親睦を深める場は必要だと考えます。**

業務の中で生じたちょっとしたわだかまりやすれ違いは、おいしいご飯を一緒に食べるだけで解消されることは少なくありません。

そこで当院では、私は飲み会や食事会には参加せず、費用だけを負担することにしました。会社の飲み会が嫌われる理由の一つは、立場の違うメンバーが同席することにあると思います。特にクリニックや医院などの小規模チームでは、チームリーダーである院長が必ずしも大歓迎されるとは限りません。私がいないほうが、話も弾み、楽しいに決まっています。

「**自分がいない席でひどい悪口が言われているのではないか**」

「**飲み会で組織の課題が浮き彫りになるのではないか**」

このように考えて、部下たちが集まる飲み会に参加したがるリーダーは多いのですが、我慢しましょう。**働く人間にとって、愚痴はストレス発散方法の一つです。**

なにか具体的な解決方法を求めているのではなく、「ただ話したい」「共感してほしい」と考えていることが多いでしょう。

そんな場に私が現れて「君、それはこうしたらいいんだよ」などとアドバイスをしたり、説教を始めたりしたら、場の空気は冷めてしまいます。

だからこそ、私は飲み会には一切参加せずに、「好きなものを食べておいで」と話しています。従業員たちも心得ていて、私が費用を負担する飲み会ではとびきり高価なステーキを食べてくるんですよ。

スタッフ同士の仲が悪い、コミュニケーションが不足していると感じるのであれば、一度このような機会を設けてみましょう。

飲み会でなくても構いません。ランチ代を会社が負担して、メンバーのコミュニケーションを促してみましょう。

学生バイトの割合が多いと学校同様の人間関係を構築してくれる

当院の看護師における学生バイトの割合は多い方です。学生さんが多いと、

「人間関係が大変になるのでは？」

「学生感覚で来ているから管理が難しいのでは？」

と聞かれることがあります。

しかし、実際にはまったくその逆です。学生さんだからこそ、学生の上下関係がそのまま持ち込まれるため、統率がとりやすいのです。

皆さんも学生時代を思い出していただきたいのですが、部活やスポーツクラブでは「先輩が絶対」という風潮がありましたよね？　看護学校も、運動部のような上下関係の厳しさがありますので、学生バイトさんたちは、私が手を加えなくても自然に規律を守ります。先輩は後輩に教えるべきだと考

えていますし、後輩は先輩の言うことを聞くべきだと理解しています。

これは、私が学生さんを雇用しようと考えたときには想像もしていなかったことです。まさに「瓢箪から駒」といったところですが、今のところ学生バイトは学生バイトの中で良好な関係を築き、組織にプラスの影響を与えてくれています。

チームを戦う組織に育てるメソッド

スタッフが2人を超えると、それはチームとなります。チームで働くことには様々な困難が待ち受けています。私自身、一度チームのマネジメントに失敗した経験があります。その失敗を踏まえ、再スタートを切りました。現在では、複数の医療施設を運営し、多くのメンバーが生き生きと自分の能力を発揮して働いてくれています。本項では、**集まった人材をチームとして戦う組織に育てる方法**についてお話ししていきます。

マニュアルは不要！
自分で考えて自律的に動けるメンバーを育てよう

当院には多くのスタッフが在籍していますが業務マニュアル等は一切設けていません。なぜならば、**ガイドラインやマニュアルを作ってしまうと、そこに書かれていることしかできなくなってしまう**からです。

たとえば「説明はゆっくりとわかりやすく」といったマニュアルがあるとしましょう。確かに、ほとんどのケースでゆっくり話したほうがよいです。しかし、緊急を要するシーンでは、むしろ要点をかいつまんですばやく伝える必要があります。

就職活動やビジネスのマナーで有名なものといえば「ノックは3回」です。

初めてこのマナーを知ったときは驚きました。海外にもビジネスマナーはありますが、遅刻しないとか、清潔な洋服を着るなど、最低限のものです。

私が院長室にいるとき、ノック3回で入室した看護師と、2回で入室した看護師に差があるわけではありません。

処置室で休んでいる患者さんが咳で苦しそうなときに、ノックを3回して入るのが正解なのか、手早くノックして様子を見てあげるのが正解なのかといえば、後者が正解でしょう。

ただ、何も指導しないわけではありません。私は、患者さんや仕事仲間に寄り添って行動するようにと話しています。**目の前の人は何を求めているのか、どうすればよいのかを考えて行動すれば、マニュアルがなくても動けるはずです。**

その場その場で何が最適かを自分で瞬時に判断できる習慣を皆で作っていくことで、自然とできるようになります。自分で考えて行動できるスタッフが増えると、組織も活性化していくのです。

ルーチンワークを増やすことで脳の空き容量が増える

先ほどマニュアルは不要だと言いました。ですが、私は**ルーチンは必要だ**と考えています。クリニックの業務には、毎日必ず行う定型的な仕事と、そうでない仕事があります。

定型的な仕事とそうでない仕事を分類してみると、意外にも定型業務が多いことに気づくでしょう。出勤したらまず掃除をし、物品を確認しながら消毒をする、といった作業があります。患者さんが来院してからも、問診票を記入してもらったり、呼び出しブザーを渡したりといった作業は定型作業です。

こういった定型的な作業において、「なんだっけ」と考えながら行動するのは脳のリソースのムダ遣いです。**何も考えなくても手を動かせるように仕組み化しておきましょう。**

たとえば、消毒作業での場合、動線に消毒セットを置いておき、出勤したらすぐ目に入るようにしておきます。そうすれば、いちいち考えなくても消毒作業に取りかかれます。消毒の順序についても「次はどこだっけ」と考えることがないようにルートを決めておき貼り出しておけばよいのです。スプレーボトルに消毒ルートを書いておくのも一つの方法です。

マニュアル不要論とルーチン化は相反しているように感じるかもしれませんが、実は表裏一体です。ルーチン化によって脳のリソースを確保し、非定型業務に全力を尽くせるようにするのです。

ルーチン作業を増やす方法

ルーチン化の方法は業種、職種によって異なりますが、共通しているのは「**タスクの洗い出し**」です。

ルーチン化を決定するのはリーダーですが、この作業はチームメンバーと協力して行っていってください。

チームの人数にもよりますが、できれば全員が参加して、以下の作業を進めていきましょう。この作業はルーチン化だけでなく、業務効率化にも貢献します。

成長が著しい組織や、設立されたばかりの組織では、場当たり的に仕事が増え、その場しのぎで作業の進め方が決められていることが少なくありません。

まずは作業を洗い出し、それがどのように行われているのかを確認してみましょう。正方形の付箋に作業の名前と作業の進め方を書いておくと、わかりやすいです。

次に、各作業が定型作業なのか非定型作業なのかを分類します。

定型作業に分類されたものについては、現在のやり方がもっとも効率的なのかどうかも検証しておきましょう。

その中で非効率的なものが見つかれば、メンバー全員でどのようにすればいいかの改善案を考えてみます。

効率的な作業方法について全員の意見が一致したら、ルーチン化は完了です。使用するツールの保管場所に効率的な作業方法を記載しておけば、誰でも脳内リソースを使用することなく効率的に業務を進められます。

クレームからスタッフを守ることで安心して仕事に専念してもらう

クリニックで診療を続けていると、患者さんからのクレームを受けることがあります。

当院に非があるものもあれば、お客さまの勘違い等に端を発したものもあります。お客様と接する業務において、クレームがスタッフのモチベーションを下げ、メンタルに悪影響を及ぼします。ある調査によると、コールセンターで働く人たちの中で、不当なクレームに対応をしたグループは、簡単な税率計算といった業務においてミスが増えたという結果が出ています。

とは言っても、カスタマーハラスメント自体をゼロにすることはできません。

エンドユーザーの無礼な振る舞いは、ストレス過多や息苦しい社会情勢によって増えるとも言われており、現代社会とは切り離せない問題です。

そして、**従業員はクレームに対峙したときに、チームリーダーが一体どのように対応するかによっ**

て、その組織やリーダーを信頼できるかどうかを判断します。

したがって、私はすべてのクレーム対応は院長の仕事だと考えて対応しています。看護師や事務スタッフを矢面に立たせることはありません。

クリニック運営において、スタッフには自主性を尊重していますが、経営の責任はすべてが私にあります。私が患者さんの自宅まで赴いて言葉を尽くしてお話をすることも、それほど珍しいことではありません。そういった**私のスタンスを知っているからこそ、スタッフは安心して本領を発揮できる**のだと考えています。

また、クレームの内容を精査するのも私の仕事です。

クレームには理不尽なものもあれば、正当なものもあります。正当なクレームであれば、謝罪した上で仕事の進め方の改善が必要です。理不尽なものであっても、当院がシステムを改善することで、同様のクレームの再発を防ぐことができるかもしれません。また、意外な社会のニーズを掘り起こせることもあります。**クレームは改善と新規事業の種**だと捉え、ポジティブに取り組むことで、リーダー側のストレスも軽減されます。

仕事の質問は同じ役割の先輩、上司が答えるべき

組織には、色々な役割を持つメンバーがいます。クリニックであれば、医師、看護師、医療事務スタッフ、放射線技師、理学療法士などです。それぞれが異なるスキルや資格を持ち、誇りを持って働いています。

一般企業でも、同じチームの中に経理のスペシャリストとマーケティングのプロが混在していることがあるでしょう。経理チームのリーダーが経営企画畑を歩いてきた人物であることも珍しくはありません。

このような組織において、メンバーが持つ質問について誰が答えるべきかを明確化しておく必要があります。当院では看護師が看護師の業務について疑問を持ったときは、看護師の先輩や上司に相談するように決めています。クリニックや小さな組織では、チームリーダーに質問が集まりがちです。

実際、当院でも新人の看護師が院長である私に業務の進め方等について質問をしてくることがあります。看護師が医師に質問するのは仕方のないことですが、ほとんどの医師は優しく答えてくれるでしょう。しかし、それはあくまでは医師としての回答であり、医師の仕事と看護師の仕事は別物です。看護師に指導するのは看護師であるべきです。大工さんがコンピュータサイエンティストの質問に答えられるでしょうか。答えはノーですね。看護師の上司は私ではなく看護師であり、看護師の資格は医師とは独立した国家資格です。

看護師が「わからないことがある」と聞いてきたときは、先輩の看護師に「教えてあげて」と伝えます。医師が看護師に指導することは、看護師にとってもデメリットです。他のクリニックや病院で働くときに、私の指導と異なることを先輩看護師が指導した場合、優先してしまうことがあります。先輩看護師からすれば、指導通りにやらずに「前の病院の先生がこうしろといったから」と言う後輩看護師の姿は非常に悪い印象を与えます。

また、医師が指導しないことで、看護師自身にもメリットがあります。**「医師に聞かないこと」が身についていると、先輩看護師に質問するスキルが自然と身に付いているのです。これは看護師にとっては有利なスキルといえます。**「素直に自分の上司に質問することができる新人」は重宝されます。

最近の子は打たれ弱いなんてウソ！令和の叱り方、褒め方

当院は若い看護学生が多く働いています。

彼女たちは「最近の子は打たれ弱い」「叱ったらすぐ辞める」とよく言われます。知人から「どうやったら若い子が辞めずに働いてくれるんですか」と聞かれることも珍しくありません。

そもそもですが、私は「最近の子は打たれ弱い」という認識が誤っていると考えています。私が知る限り、若い学生さんたちは打たれ弱くはありません。私はメンバーの年齢や経歴を問わず、うっかりミスについては叱りません。しかし、「わかっているのに必要な工程を省略した」「面倒だからやるべきことをやらなかった」といったケースでは、しっかり叱ります。

そのミスの程度によっては「帰宅して頭を冷やすように」と言うこともあります。この話をすると、

多くの方が「今の子にそんなことを言ったら二度と出社してくれないよ」と驚かれますが、彼女たちはきちんと次の日に出勤してくれます。ちなみに私が業務命令として帰宅させたのですから、その日の給料は満額支払っています。

では、なぜ当院の「最近の子」たちは、私が叱っても辞めないのか。その理由は、**日頃からコミュニケーションを取り、を築いているから**です。そして、私は感情的に叱ることはありません。えてして、大人が大人に注意する際、うっぷん晴らしになりがちです。私は「**怒ること**」と「**叱ること**」を**徹底的に区別しています。**　私は怒るのではなく、叱っているのです。

逆に、メンバーが素晴らしいファインプレーを見せることもあります。そんなとき、リーダーがやるべきことは、褒めることです。ただし、褒める場合も叱るときと同じように、コミュニケーションの土壌が必要です。

信頼関係が構築できていない相手から突然褒められても、相手は「突然何言ってるの」と思うだけです。「最近の子」に限らず誰しも褒められると嬉しいものです。**褒められることは正当に評価されること。この正当な評価を行うことは、組織の健全運営にも繋がります。**

メンバーから信頼される経営者になるためにやるべきことは情報の開示

世の中に完璧な組織はなかなかありませんが、悪い組織は数え切れないほどありますよね。メンバーの一部が手持ち無沙汰でフラフラしている一方で、他のメンバーに仕事が集中している組織や、愚痴が蔓延している組織、離職率が高い組織などがその例です。

組織がダメになる理由は様々ですが、その一つにリーダーや経営者への信頼の欠如が挙げられます。リーダーや経営者を信じられないと、メンバーは指示を聞かず、前向きに働くことができません。

では、どうしたらメンバーの信頼を得られるのでしょうか。その手段の一つが、徹底的な情報開示だと考えています。組織の売上や経費、リーダーが使っている経費などをすべてメンバーに公開するのです。日本人は他人の財布事情について尋ねることをタブーとする風潮がありますが、実際には多くの日本人が気にしています。

「課長だけが経費を使っているのではないか」
「院長はクリニックにお金で贅沢をしているのではないか」
「本当は儲かっているのに隠しているのではないか」

メンバーがそのような疑いを持ち始めると、組織は一気に崩れます。一人が疑問を口に出したら最後、メンバー同士であることないことを話し始め、顔を合わせるたびに愚痴を言うようになります。

だからこそ、**当院ではお金周りの情報を徹底的にすべてのメンバーに開示しています。**売上はもちろんのこと、経費、私のクレジットカードの履歴まですべてです。メンバーが「そんなところまで見せなくても」感じるほど、細かい情報をオープンにしています。

これによって、少なくとも金銭面で「先生はクリニックの利益で贅沢をしている」「ムダ遣いをしている」といった非難を受けるリスクはなくなります。

経営者は異性関係の噂が立たないように努めるべき、噂が立っても否定しない

クリニックなどの小さな組織では、異性関係に関するよからぬ噂が必要以上に立つことがあります。こうした噂は、スタッフのモチベーションを低下させるだけでなく、代表としての信頼も失墜させてしまいます。

だからこそ私は異性関係の噂が立つような行為は慎んでいます。

たとえば、看護師が運転する自動車に乗る際、助手席ではなく後部座席に座るよう心がけています。しかし、そこまで気を遣っていても、時には火のないところに煙が立つことがあります。そんなときの対処法は「否定しないこと」です。

ある日、私が妻の手作りおにぎりを診察室でほおばっていたところ、看護師の間で「先生は不倫相

手が作ったおにぎりを食べている」という噂が広がりました。

私はその噂を知っても否定しませんでした。否定しても信じない人がいるため、「その噂を信じてもらってもかまいませんよ」と堂々と言いました。すると、噂はおもしろいようにスッとおさまりました。

こういった噂がたつとき、やましさを感じている人はうろたえて右往左往してしまいますが、やましさがなければどっしりと構えられます。そのためにも日頃から身の回りをキレイにしておくことを強くおすすめします。

ちなみに、スタッフや部下に対して一貫した態度をとることは、「ひいき問題」の解決にも繋がります。

「あの人だけひいきされていてずるい」「公私混同だ」といった批判を受けにくくなるのです。そのためにも、スタッフ一人ひとりに声を掛け、ただのあいさつでも構わないので、頻繁にコミュニケーションをすべてのスタッフと取っていくことが重要です。

リーダーがメンバーとほどよい距離感を構築する方法

クリニックは一般企業と比べると特殊な組織です。

まず、院長がいて非常勤の先生がいて、看護師や検査技師、医療事務など、様々な職種のメンバーが集まっています。

院長はクリニック内で絶対的な権力を持っていて、他のメンバーとは一線を画した存在であることが多いのではないでしょうか。強いて言うならば、零細企業の創業社長と従業員の関係に近い気がします。

このような組織では、院長や社長を恐れる空気感が生まれ、メンバーが自由に意見を言いづらくなります。メンバーから意見が出ない組織は硬直し、活気を失ってしまいます。

そこで私は、非常にシンプルですが、**「あいさつ」と「メンバーへの個別の声かけ」を意識しています。**

個別の声かけとは、「おはよう。今日も来てくれたんだね」というように、一人ひとりの存在を認識していることが伝わる声かけです。そうすることで、メンバーは「院長（社長）は私のことをちゃんと見てくれている」と感じ、心を開きやすくなるのです。

この方法はすぐにでも実践できます。コストはゼロで、誰かに不快感を与えることもありません。

「いつもそんなことをしていなかったのに、突然声をかけたら気持ち悪がられるのでは」

「無視されたらどうしよう」

そんな不安があるかもしれませんが、気にしないでください。声をかけたいからかける、それだけで十分です。相手からの見返りや返事を求めなければ、無視されても気になりません。

この挨拶や声かけを続けることで、メンバーとの信頼関係が構築されていきます。

挨拶と声かけは、あなたの組織を構築するために必要なことだと捉え、コツコツ継続していってください。

ティーチングスキルを育てる意識を常に持ち組織を自律に誘う

私は看護師からの質問には答えないとお話しました。実はこれを徹底している理由はもう一つあります。それは、**教えるスキルを育て、マネジメントできる人材を増やしたいからです。**

小規模のクリニックの経営は、往々にして院長の専制になりがちだと聞きます。何から何まで院長にお伺いを立てて、決断されていく。そういった組織でも、うまく回っている分には問題がありません。スタッフは教えることや決断することに労力を割かれることなく、業務に専念できます。しかし、それでは院長はいつまでたっても忙しいままです。私はモゲル丸クリニックを「**私がいなくても滞りなく運営できて、成長できる組織**」にしたいと考えています。だからこそ、意識的にティーチングスキルを育てています。

スタッフのティーチングスキルを育てるために私が行っているのは、質問の内容によって答えるかどうかを判断することです。たとえば、新人看護師が看護師の業務について質問してきたときは、看護師に聞くようにと伝えます。

もし私が看護師のすべての質問に答えていると、看護師のマネジメントが私の仕事になってしまいます。

何でも医師に質問して育った看護師は、わからないことがあると全部「先生に聞いて」と後輩に言うでしょう。すると私のリソースが奪われ、本来すべき仕事に専念できません。また、看護師たちはわからないことを教える技術も、考える技術も身につけられません。

教えることは実は教える側の成長にも繋がります。

自分が持っている知識と相手が知らないことを照らし合わせて、最適な答えを導き出す過程は、知識や技術の定着を促します。

一般企業でも、部下に質問されたときに「教えた方が早い」と思って自分で教えがちな方は、部下と組織を成長させるために心を鬼にして、本来対応すべきメンバーに聞くように伝えるべきです。

人に頼られる充足感や楽しさがあればストレスはたまりにくい

クリニックの院長にしろ、一般企業の経営者やマネージャーにしろ、ストレスを感じる方が多いと聞きます。

私は現在、岐阜と東京の2拠点で生活しており、4つの施設を運営しています。多くのスタッフと患者様の生活を支える立場にあります。

客観的にみてみればストレスが溜まりそうですが、私にはストレスらしいストレスは感じていません。

なぜならば、私には頼ってくれる多くの人たちがいるからです。**多くの人に頼られ、彼らに満足してもらうことで達成感を感じています。**

こう言うと、私が崇高な理念を持っているように感じるかもしれませんが、単なる無趣味の仕事人間なのです。たまたま働くことが苦痛ではなかっただけです。

勉強が好きな人に聞けば、勉強は苦しいことではないと言います。

ナイチンゲールも、苦しんでいる兵士たちを看護すること自体にはストレスを感じていなかったでしょう。

先日、私の息子は幼稚園の遠足に行きました。その遠足の行程は幼稚園の子どもたちにとってはハードで、親たちは「とても大変そうだ」と感じるわけですが、本人たちは苦痛どころか心の底から楽しそうです。

仕事にストレスを感じる方は、「誰かに頼られること」や「楽しさ」が足りていないのかもしれません。

仕事に楽しさを感じることはなかなか難しいかもしれませんが、誰かに頼られる満足感なら誰でも感じられると思います。

まずは、誰かに頼ってもらうためにどうすればよいのかを考えてみましょう。

医師は御用聞きというマインドであれ

医師は御用聞きであると考えています。

サザエさんに登場する三河屋さんのサブちゃんのような存在ですね。三河屋さんはお酒やお醤油を販売していますが、お客さんたちは「お醤油ください」と三河屋さんに電話するだけではありません。サブちゃんが定期的に顧客の家を訪問することで、顧客の「そうそう、あれも欲しかったのよ」という潜在的なニーズを引き出せるのです。

今や病気の詳しい説明はインターネットでも調べられる時代です。

厚生労働省や各学会、製薬会社やクリニックのサイトには、患者向けの疾患に関する説明や一般的な治療法が掲載されています。そんな中で、医師ができることは、**患者様が本当に困っていることや病気の原因を探り出すことです。**

私のクリニックは内科、整形外科様々な病気でお困りの患者様がいらっしゃいます。

精神疾患で苦しむ方も時折いらっしゃいます。「旦那と喧嘩したらうつ病になった」という患者様が来られた際には、「旦那さんを連れてきてください」とお話するように、**疾患の上流にある悩みや苦労、トラブルを探し出すことが町医者の使命のひとつではないかと考えています。**

成功体験を積み重ねる

成功体験は、人間をポジティブにし、成長させる原動力となります。

しかし、報われないことが多いと感じる人にとって、成功体験を積み重ねることはとても難しく、絵に描いた餅のように感じられるかもしれません。

しかし、成功体験の蓄積は、いつでも誰にでも可能です。

たとえば、アメリカ海軍のベッドメイキングがあります。

アメリカの海軍では、朝起きたらまずベッドメイキングを行い、それを上官がチェックする習慣があるといいます。

これは一見すると無駄な仕組みのように思えますが、実は毎日ベッドメイキングを行うことで成功体験を積み重ねることができるのです。

ベッドメイキングは努力がすぐに結果に繋がります。ベッドメイキング自体に高いスキルは必要ありませんので、ある程度訓練すれば誰しも完璧なベッドを作れます。すると、仕事が終わって自室に戻ると、そこにはピシっと整ったキレイなベッドがあるわけです。

「これは自分がキレイにしたんだ」という小さな自負が積み重なることで、無意識のうちに成功体験を蓄積でき、自分に自信を持てるようになります。

その体験がさらなるモチベーションに繋がるのです。

「成功体験が足りないな」と感じる方は、まずはベッドメイキングからスタートしてみてはいかがでしょうか。

徹底したトップダウンは会話の機会を潰す

私はスタッフとの対話を重視しています。

経営者やマネージャーがメンバー層とコミュニケーションを取ることは、事業の拡大に不可欠だと考えています。

なぜなら、彼らと話をすることで市場のニーズや業務改善のアイデアを得ることができるからです。事業においてアイデアは欠かせませんが、私たち医師はビジネスの素人です。**私たちが一人で考えたところで、出てくるビジネスのアイデアには限りがあります。**

たとえば、当グループの発達障害の子ども向けの放課後デイサービスも、私のアイデアではありません。こういったアイデアは、日頃からスタッフとコミュニケーションを取っていたことで生まれたものだと考えています。

とはいえ、スタッフとうまく会話ができない、コミュニケーションが取れないと悩む方も多いでしょう。そんなときは、組織の指揮系統や進め方を振り返ってみてください。あなたの組織はトップダウンに偏りすぎているのではないでしょうか。

組織運営においては、トップが意思決定を行い、メンバー層に指示を出すトップダウンは欠かせません。しかしやりすぎはＮＧです。**トップダウンを徹底しすぎると、メンバー層は意見を言いにくくなります。**そうなると経営者以外からアイデアが出てこなくなってしまうのです。

では、どうすればトップダウンとコミュニケーションのバランスがとれるのでしょうか。

私はその一つの解決策として、方向性だけ決めて後は丸投げをすることだと考えています。当院の場合は、「患者様を断らないこと」、「多くの患者様を診療すること」をモットーにしています。

これを実現するために、個々のスタッフが自ら考えて行動しています。だからこそ、私が尋ねれば業務改善のアイデアが出てきますし、新規事業のアイデアを出してくれるスタッフもいます。

ただし、徹底したトップダウンで大成功を収めている組織も存在するのは確かです。あるクリニックでは、意思決定者は院長のみで、ガチガチの非常に厳格な組織体制を築きました。

そのクリニックは、単体で大きな収益を上げていますが、他の事業を立ち上げることは難しいでしょう。

どちらのスタイルを好むのかは人それぞれです。自分に合ったスタイルを試行錯誤してみてください。

逆算からのＤＸ

デジタルトランスフォーメーション、いわゆるＤＸが医療業界だけでなく、日本全体のトレンドですが、私はその風潮に疑問を感じています。

当院は岐阜県内のクリニックの中では先進的な機器を取り揃えており、ＤＸ化の進捗において「かなり進んでいる」と思われがちです。たしかにその通りですが、私はＤＸ化を進めたいから様々な機器を取り入れているのではありません。

スタッフの働きやすさを追求し、より多くの患者様にご満足いただくために、様々なツールを導入しているにすぎません。

デジタル技術を導入すれば、どんな会社や組織でも業務の効率化が進むわけではありません。

もし私が、患者さんのほとんどが高齢者で、来院数が少ない山村のクリニックを開業していたとしたら、DX化はまったく進めていなかったでしょう。手書きのカルテでことたりますし、予約システムも必要ありません。

開業医のもとには、卸業者さん等からDXツールやデバイスの提案があるかと思いますが、**「本当に必要なのか」という視点で考えてみてください。**

とはいえ、先生自身がすべての業務に精通しているわけではありませんので、判断が難しいかもしれません。そんなときはスタッフに話を聞いてみてください。

当院は多くのDXツールやデバイスを導入していますが、そのほとんどはスタッフへのヒアリングによって決めたものです。

「うちのクリニックはスタッフは、院長には心を開いてくれなくて……」という先生のために、スタッフコミュニケーションについては別ページで詳しく解説します。

情報共有の手段はデジタルに固執せず組織にあったものを選ぶ

当院での情報共有はＬＩＮＥのグループチャットを利用しています。

また、日報はノートにまとめています。オフラインの会議もオンラインミーティングも開催しておらず、オンラインにもオフラインにも固執せず、自分たちに合った情報共有方法を選んでいます。

私がＬＩＮＥを選んだ理由は、非同期のコミュニケーションが自分のタイミングで言いたいことを言えるからです。オフラインの会議では誰も発言しませんし、オンラインミーティングは誰も話を聞かなくなります。当院の組織では、ＬＩＮＥのグループチャットがもっとも発言力を高めました。

ＬＩＮＥ以外にも、クリニック等の小さな組織に最適化したコミュニケーションツールがありますが、メンバーがもっとも抵抗なく使えるのがＬＩＮＥでした。当院のスタッフは年齢やキャリアがばらばらで、ＩＴ機器のリテラシーにもばらつきがあります。したがって、プライベートで使っているＬＩＮＥがもっとも無理なく使えると判断しました。

とはいえ、これは現在の当院にとっての最適解です。近い将来、異なるコミュニケーション手段を選ぶ可能性もあります。チャットだけでコミュニケーションを完結させる組織もあれば、リモートワークに失敗し対面中心のコミュニケーションに戻った会社も少なくありません。

人と組織にとって最適なコミュニケーション手段は常に変化します。トレンドに流されるのではなく、自分たちの組織がしっかりと使えるかどうかを考えて導入しましょう。

かけた費用に固執せず断捨離する覚悟を

病院で新たにデジタルツールや医療機器を導入するには、コストがかかります。中には数百万円から1000万円を超えるものもあります。そうしたツールや医療機器を導入したからといって、すべてがうまくいくとは限りません。導入前には素晴らしく思えたシステムでも、実際に使ってみると使いにくかったり、患者さんからのニーズがなかったりすることは珍しくありません。

そのような場合には、**使いにくいものやニーズがないものを使わない勇気を持つこと**が重要です。たとえば当院では、高価な医療用の脱毛機を導入しました。私の顔はそれで脱毛をしたおかげでツルツルになりましたが、現在はほとんど使用されていません。コロナ禍の影響で脱毛の需要が少なかったためです。

医療用の脱毛機は数百万円しますので、導入したからには広告を打ってどうにか集客しようと考えてしまいがちですが、需要がないものにお金をかけて集客しても無駄です。それよりも、需要があるサービスを導入した方が効果的です。

当院の場合はそれが、訪問診療や病児保育、放課後デイサービス等の事業でした。現時点では、脱毛機の出番はほとんどありません。

また、導入して失敗したものもあります。

それが電子カルテシステムです。このシステムも導入するのに数百万円のコストがかかりましたが、結局使いにくくて使用を中止しました。その代わりに、使い勝手の良いシステムを再導入しました。費用をかけたからといって、**不便でみんなが不快に感じるシステムを使い続けることは、さらなるマイナスにしかなりません。**

さらに、当院で最もコストがかかったが断捨離した機器が分包機です。

もげる丸クリニックは、当初院内処方を行っていました。院内処方のほうが患者さんにとっては利便性が高いと考えたからです。しかし、薬剤師を雇用する余裕がなく、受付担当が薬関係も兼務する必要がありました。

私は、受付担当にはその重積を背負わせたくはありませんでした。本来、薬の処方は専門的な知識が必要ですし、神経を使います。特に複数の薬を混ぜ合わせて処方する粉薬は、ミスとストレスの温床になりうる危険があります。

そのため、開院準備段階から分包機の導入を決定し、開院と同時に稼働を開始しました。私が購入した分包機は非常に優秀で、私が処方ボタンを手元のパソコンで押すだけで勝手に薬を混ぜ合わせて詰めてくれました。この方式により、受付担当の心理的・物理的負荷は最小限に抑えられました。開院当初はこのマシンに非常に助けられました。ちなみに、東海地方の個人クリニックで分包機を導入したのは私が初めてです。

しかし、万能に見えた分包機も長く活躍することはありませんでした。

なぜなら、当初の想定よりも多くの患者さんにご来院いただけるようになり、当院の薬庫では対応しきれなくなったためです。

患者数が増えて、想定外の薬を処方するケースも増えました。

「大学病院で飲むように指示された先月発売されたばかりの新薬」といったレアな薬の在庫はありま

せんし、保管するスペースもありません。

このような状況では、院内処方をやめて院外処方に切り替えた方が患者さんにとってプラスになります。院外処方の方がほとんどの薬を取り揃えており、薬剤師による専門的な投薬指導を受けられるため、患者さんにとってメリットが大きいでしょう。

このような経緯で、私は2000万円超の分包機の使用を取りやめました。現在は、近くにできた薬局で薬を処方してもらっています。

「**なぜ2000万円投資したマシンを捨てることができたんですか?**」

と質問されることがありますが、むしろ私は聞きたいです。

「**なぜお金をかけた上で、不便なものを使い続けるのですか?**」**と。**

使い勝手が悪く、スタッフが不快に感じるシステムを使い続けることは、さらなるマイナスでしかありません。

新しいシステムや医療機器を導入する際には、慎重に選ぶことが重要ですが、必ず「こんなはずじゃなかった」という局面が訪れます。そのときに「もったいないから」と我慢して使い続けるのではなく、目線を変えて他にもっと使いやすいものがないか探すように気持ちを切り替えてください。それが結果的にはスタッフへの福利厚生や働きやすさの提供につながると私は考えています。

ちなみに、最近ではクラウド系の電子カルテなどが増えており、導入コストを大幅に削減できます。ツール系については、クラウドシステムを選べば、失敗したときのダメージが最小限に抑えられますよ。

ヒト・モノ・不動産のうち「モノ」はコストダウンに尽力する

通常、クリニックを開院するとなると数億円の費用がかかります。土地代、建物の建築費用、什器や医療機器の購入費用、広告宣伝費等が含まれます。私は、**削れるものは徹底的にコストダウン**しました。

まず、クリニックの建築費用です。クリニックの建物は、一般的な住宅と強度は変わりません。医療機関として必要なものはレントゲン室の鉛板程度です。しかし、クリニック専門の業者に頼むと、一般住宅の約3倍の坪単価となります。私はこれに納得がいかなかったため、一般住宅と同等の壁紙やフロアタイルを選び、徹底的にコストダウンを図りました。屋根は最もコストが低い「片流れ」を選択し、受付の天井は吹き抜けのように高くすることで、実際の面積以上に広々と感じられるようにしました。このようにしてコストダウンに努めた結果、見積もりは坪単価50万円となりました。これは一般住宅の中でも低コストに分類される価格でしょう。

さらに、院内で使用する什器も徹底的に絞りました。待合室のソファは、クリニックに出入りする卸業者から購入すると1脚30万円です。10脚購入すれば、それだけで300万円もかかります。

そこで私は、オフィス家具専門のリサイクルショップに赴き、同等の製品を探して1脚3万円で購入しました。これで9割のコストカットです。私のデスクや椅子、書類を収納するキャビネットも同様に購入しました。

医療機器については、卸業者さんの事務所に足を運んでコストダウンをお願いしました。通常、業者さんがクリニックの院長の元を訪れて商品を売り込んだり価格交渉をしたりしますが、私はそれでは価格交渉は成功しないと考えました。

こちらがお願いをするのですから、自分が動くべきだと思ったのです。

そして、新規開院のため費用に余裕がないことを切々と訴え、想定以上に安い金額で仕入れることに成功しました。

なぜ私がここまで、モノに対するコストに執着するかというと、**モノは質させよければ満足できる**からです。新品で30万円のキャビネットと、中古の3万円のキャビネット。製品が同じであれば、使い勝手に違いはありません。異なるのは購入した瞬間の満足度だけではないでしょうか。

私にとって、新品を買ったという満足感は重要ではありません。私が使い始めた瞬間に中古になるのですから、最初から中古を購入しても変わらないのです。

リーダーのビジョンは常に伝え続けること

私には多くの患者さんを救たいという願いがあります。

このビジョンを現実のものにするためには、私の力だけでは足りません。**クリニックや各施設のスタッフたちが同じ方向を向いてくれることが必要です。**

組織を運営する上で、スタッフに同じ方向を向いてもらうことは容易ではありません。伝統的な日本企業では、朝礼で社訓を唱和させることがあります。一見するとばからしい行為に思えるかもしれませんが、実は社訓の唱和は会社の方針を従業員に叩き込むために有効な方法の一つです。

たとえば「服装の乱れは心の乱れ」という社訓があったとします。その社訓が時計の下に貼り付けられているだけの職場と、毎朝唱和す職場では、どちらの従業員が、服装に気をつけるようになるでしょうか。おそらく、圧倒的に後者の職場のほうが身だしなみに気を配る従業員が多いでしょう。社訓の唱和が強制的であったとしても、口に出すたびに意識に刷り込まれるからです。

私は毎朝社訓を唱和しようとは言いませんが、**ビジョンはことあるごとに口に出す**ようにしています。

「院長はまた同じことを言ってるな」と思われるくらいがちょうどよいのです。

いくら私が心の中で念じていても、誰にも伝わりません。必ず口に出して伝えることを続けなければ、経営者のビジョンは相手に伝わるわけがないのです。

ネットvsTV、どちらが正しいか

コロナ禍では、非医療従事者だけでなく医療従事者も情報に翻弄されたのではないでしょうか。

テレビではコロナの危険性がクローズアップされ、インターネットやSNSでは「コロナは風邪」といった主張が目立ちました。家族や知人と意見が衝突することもあったのではないでしょうか。

コロナの診療は通常時よりも気を使うことが多く、業務量が増えて心身ともに疲労困憊している中で、近しい人と意見をぶつけることは辛いものです。

そんなときは、インターネットとテレビは「届けたい情報を届けたい相手に届ける媒体だ」と捉えてみてはいかがでしょうか。

インターネット、特にSNSを閲覧しているのは20代から40代の現役世代で、健康に不安を抱える方は少ないはずです。彼らにとって、コロナは少し辛い風邪程度の症状だったかもしれません。一方で、テレビの主な視聴者である高齢者にとって、コロナは命を奪うおそれのある疾患でした。したがって、テレビが「コロナが怖い」と報じていたことは間違いではありません。またSNSでも総楽観論が繰り広げられていたのではなく、感染して症状が悪化した場合にやるべきこと等も拡散されていました。

「ある人にとってはコロナは風邪であり、ある人にとってコロナは怖い病気である」

こう考えておけば、コロナに関する意識の違いについてはある程度納得できるのではないでしょうか。どちらのスタンスであっても、「コロナは年齢を問わず急変することがある病気であること」「急変したときにどうすればよいか」という2点を把握しておけばよいかと思います。

結果を出せばオールOK！

当院では与えられた業務をすべて終わらせているのであれば、勤務時間中に好きなことをしていても問題がないということにしています。スマホでゲームをしていようとSNSをチェックしていようと自由です。

時間内にすべての業務を終わらせたということは、優秀である証拠です。もし「早く終わるなら、こちらの業務もお願いします」と業務を追加すると、優秀な人の業務量が増え続け、そうでない人は楽になってしまいます。それでは優秀な人が不満を抱くことになります。だから私は、やるべきことをやった上で勤務時間中にスマホを触っているスタッフを見かけたら、**「もう終わってるんだ！　仕事が速いね！」と褒めるようにしています。**

そういった姿を見れば他のスタッフも、より効率良く業務を進めようと考えるようになります。

労働時間が長い従業員を起点とした業務効率化と改善

「長時間労働はよくない」
「残業をする人は無能だ」

最近では、長時間労働＝悪、残業時間が短い人が優秀であるという意識が広がっています。たしかに、経営者にとってもメンバー層にとっても同じ業務量で残業時間が長い人物は会社の利益を減らしますし、モチベーションを低下させます。

しかし、彼らは会社や組織が抱える課題の解決のヒントを握っているかもしれません。彼らを**「無能だ」「非効率的だ」と断罪する前に、彼らの働き方や意識を調べた上で、組織全体の業務効率化策を検討してみましょう。**

まずは長時間労働が続いているメンバーの現状を把握します。具体的には、当該メンバーが抱える業務量、業務の進め方、モチベーションの高さなどです。

以下の項目を一つずつ確認することで、問題が浮き彫りになることがあります。これらの問題は複合していることが多いため、決めつけずに丁寧にヒアリングしてください。

たとえば、「自分の能力に見合っていない業務量で、業務の進め方が非効率的」というケースや、「自分の能力よりも多い業務をあてがわれてモチベーションが下がり、余計に効率が落ちている」といったケースが考えられます。また、チームの人数が少ない場合は、「他のメンバーが優秀であるが故に定時内で業務を完了させられていたが、常人にはこなせない業務量だった」といったケースもあります。

- **本人の能力と業務量が見合っていない**
- **業務の進め方に問題がある（本人はやる気があるものの適切な方法がわかっていない）**
- **モチベーションが低くサボっている**

このすべての業務改善のヒントが詰まっています。

・本人の能力と業務量が見合っていない

平均的な能力なのに業務量が多すぎる場合、チーム全体の業務の棚卸と再配分が有効です。能力が同程度であっても、経験年齢やこれまでの経歴によって業務スピードには差があります。それに応じた業務量に調整しましょう。年次が高い社員が短時間で多くの業務をこなせるのは当然のことです。

さらに一歩進んで、最速業務マニュアルの作成にも取り組んでみましょう。

マニュアル作成が向いているのは、作業内容が決まっている業務です。経理や医療事務、営業事務といった業種などが該当します。経験豊富なベテランメンバーのヒアリングだけでなく、仕事が遅いメンバーのヒアリングを参考にしながらマニュアル化することで、**つまずきやすいポイントを押さえたマニュアルを作成できます。**

・業務の進め方に問題がある

長時間労働が常態化する裏側に、業務の進め方のまずさがあるのであれば、まずは問題点を書き出しましょう。

- **本来定めた手順通りに業務を進めていない**
- **手順を決めたときよりも業務が複雑化しているのに手順の変更がなされていない**
- **そもそも標準的な手順が定められていない**

こういった問題点が出てくるでしょう。

意外と多いのが標準的な手順が決められていないケースです。たとえば、「請求書を作る」という業務のゴールは「請求書を作成して取引先に送付することまで」です。

創業間もない会社や、古くからの商習慣が続いている業種では、請求書の作成といった定型業務が効率的に行われていないケースが少なくありません。また、請求書の作成はそれほど難易度が高くないため、わざわざルール等を決めておく必要がないと考えてしまいがちです。

その結果、請求書の作成手順が担当者によってバラツキが生じます。

たとえば、ある担当者はChatGPTを駆使して請求書をほぼ自動で作成できるツールを作っている一方で、別の担当者は従来通りの方法で「納品書や見積書を目視で確認しながら請求書に打ち込む」といった半手動の作業を行っているかもしれません。進め方の違いにより、業務の終了時間に差が生じるのは当然のことです。

このように残業時間が長いメンバーの業務を点検することで、チーム全体の問題点が浮き彫りになるケースは少なくありません。先ほどの請求書の事例をきっかけに、納品書、見積書、請求書の作成が一体化し、経理システムとも連携できるクラウド系のシステムを導入することで、チーム全体の業務効率化が図れます。

・モチベーションが低くサボっている

仕事への意欲は人それぞれです。100%の能力を発揮して組織やチームに貢献したいと考える人もいれば、与えられた仕事をしっかりとこなしておけばOKと考える人もいます。どちらも組織にとってはありがたい人材です。

では、モチベーションが低く、最低限の業務もこなさない人は「仕事への意識が著しく低いだめ社員」なのでしょうか。中にはそういった人もいるかもしれませんが稀です。**ほとんどの人間は「活躍したい」「会社に貢献したい」「与えられた仕事はこなしたい」と考えているはずです。**

では、なぜモチベーションが低くなり、サボっているのでしょうか？

人間がモチベーションが低下しているように見える原因は様々です。メンタルの状態が悪化している、会社の評価に納得できない、業務量や業務内容に不満がある、人間関係に問題があるなどが考えられます。そのため、モチベーションが低くなっているメンバーについては、まず1on1での面接を実施してみましょう。

そうすることで、抱えている問題や不満が明らかになります。その上で「自分がどうなりたいのか」を聞いてみてください。

「やめたい」というのであれば、それでも良いでしょう。**一度退職の意思を口に出した人は、結局いつか辞めてしまいます。**早く退職したほうが本人のためにもなるでしょう。

本来はやる気も能力もあったのに、モチベーションの低下が原因で本来の能力を発揮できていない場合には、メンタルヘルスケアが必要かもしれません。

従業員が50名以上の事業場では、ストレスチェックの実施が義務です。また、従業員の人数を問わず、雇用主には労働基準法において定められた安全注意配慮義務が課されています。したがって、従業員のメンタル不調を察知した場合は、迅速に状況の改善を図る必要があります。

以上のように、労働時間が長い従業員の状況を把握して、改善策を講じることは、本人の問題を解決するだけでなく、チーム全体の業務効率化や課題解決にも直結します。当該従業員を疎ましく感じている時間は、双方にとって不毛ですが業務効率化、改善に繋がるのであればWin-Winといえます。

前向きに捉えてみてはいかがでしょうか。

第四章

事業をスケールするために

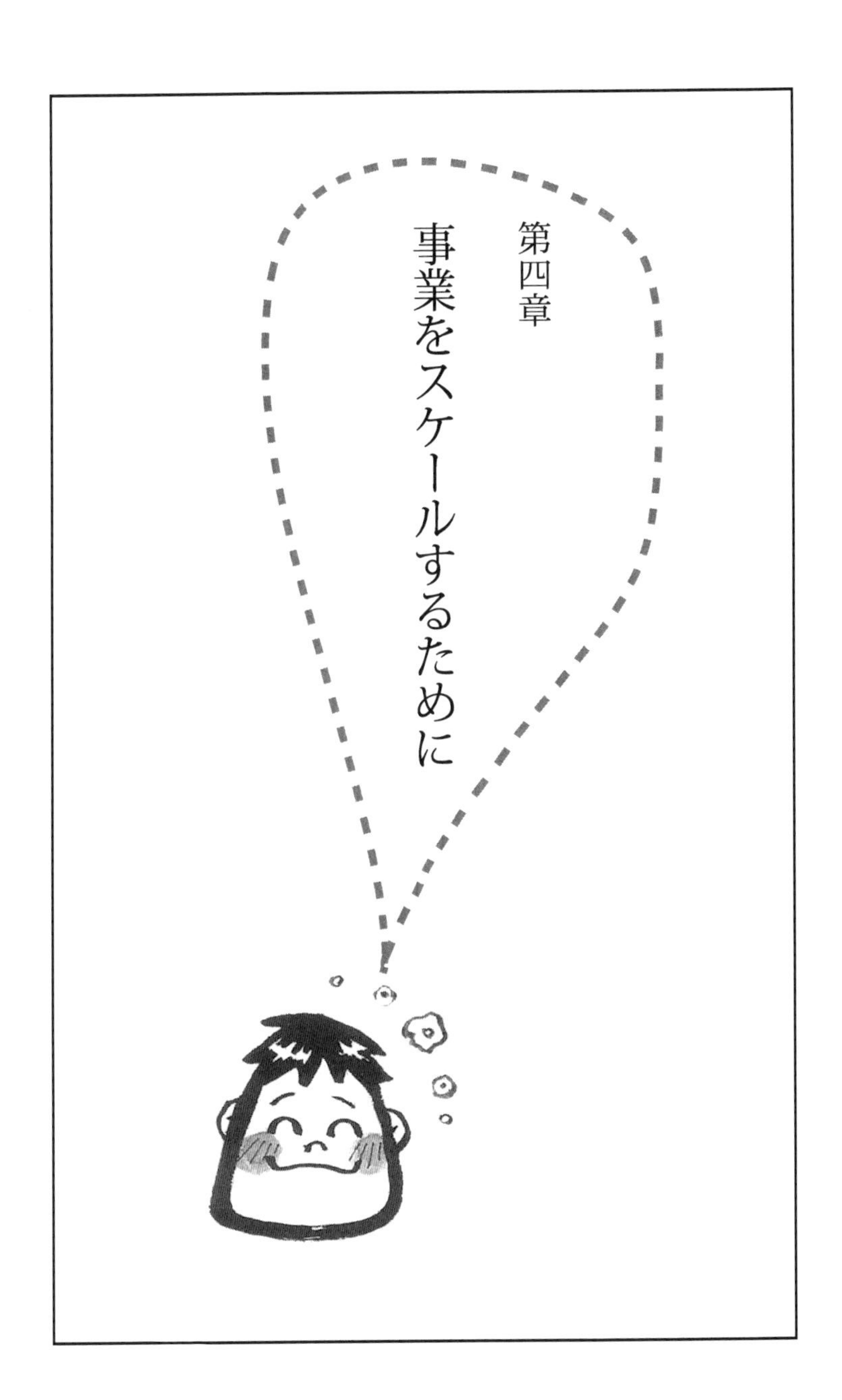

チームメンバーが集まり、集客も順調に回るようになると、人間は慢心してしまい、成長の速度が鈍化します。成長の鈍化は衰退の始まりです。どんな業種であれ、未来永劫利益を上げ続けることはできません。医療機関も同様です。時代の流れに取り残されれば、あっという間に売上は減少し、人材は流出し、崩壊してしまいます。

組織がある程度の規模になると、従業員の生活や人生に対する責任も生じます。そのため、院長や社長、組織のリーダーは常に事業のスケールを考える必要があります。また、新規事業の開発も不可欠です。「儲かって仕方ない」という企業が、同じ業種で長期的に利益を上げ続けた事例はほとんど存在しません。既存の事業をブラッシュアップしながら、新規事業を作り続けることは経営者の責務です。

本章では事業をスケールするため、新規事業に取り組むために必要なことについてお話をしてまいります。

事業と組織を成長させるためリーダーが経験値を稼げる環境を作る

事業の拡大には、優秀な人材が欠かせません。**どんなにリーダーが優秀であっても、1人でできることは限られています。**

しかし、成長過程の組織でとびきり優秀な人材を確保するのは難しいこともあります。したがって、今の人材を育てることも事業の拡大には欠かせない要素となります。

人間を成長させるために必要なもののひとつは経験です。

特に社会人になってからは、意識的に取り組まない限り学ぶ機会はほとんどありません。したがって、職場が主な学びの場となります。とはいえ、職場で教科書を開いて勉強することはできません。原則として、仕事の中で様々なスキルや知識を培っていきます。ゲームで例えればわかりやすいでしょう。ロールプレイングゲームでは、敵を倒すことで経験値を得られ、経験値を多く得ることで攻撃力や魔法の力がアップします。仕事における経験値も同様で、業務量や質の高い業務を遂行することで得られます。

医療従事者においては、**多くの症例にあたることで多くの経験値を得られます。**たとえば、1日に患者さんが10人だけ来院するクリニックの看護師と、1日に100人の患者さんが訪れるクリニックの看護師看護師では、どちらが多くの経験を積むかは明らかです。

医学的な知識やスキルだけでなく、接客のノウハウや効率的な業務の進め方も短期間で当たり前に身に付くでしょう。そのためには、最良のメンバーを集め、切磋琢磨できる環境を整えることが重要です。

では、従業員、チームメンバーに経験値を積ませるのは誰の責任でしょうか。もちろん、チームリーダーです。クリニックであれば、院長がその責任を負います。したがって、本項目では、従業員に経験値を積ませるためにリーダーがやるべきことについてお話します。

クリニックに患者さんを集める

クリニックのスタッフに成長できる場を提供するために**最低限やるべきことは集客です。**これは一般企業でも同様です。メーカーでも、商社でも、金融機関でも、売上や契約数が増えればそれだけ経験値積むことができます。

医療機関は社会的インフラのひとつであるため、集客方法には限りがあります。しかし、何もできないわけではありません。当院では駅前の大看板やバス広告を用いて岐阜市内での認知度向上を図り、一定の効果が出ています。ただし、どのクリニックでも看板やバス広告といった古典的な方法が成功するわけではありません。様々な手法を試しながら最適な方法を見つけることが重要です。具体的な集客方法については、第七章で詳しく説明いたします。

学ぶことが当たり前の環境を作る

人間は環境に大きく左右される生き物です。

余談ですが、私は子どもの教育環境を整えることに力を注いでいます。どんなに能力がある人でも、環境によってそれを存分に発揮することができないことがあるからです。

「勉強をするのは当然として、何をどこまで勉強するかが問題だ」と考えている人に囲まれている子どもと、「勉強はできなくてもいいんだよ。分数の割り算なんて実生活では使わないよ」という考えの持ち主と過ごす子ども。どちらが向学心を持つのかは考えるまでもありません。

大人も同じで、自分の周りの環境によって意識は大きく変わります。

全員が「**仕事を効率良くこなすことは当たり前で、さらに質を高めるにはどうすればいいか」と考えている組織**と、「定時まで時間がすぎればいいや」と考えている人ばかりの組織を比べてみると生産性が高いのは前者です。

では、こういった組織のカルチャー、考え方は誰が決めるのでしょうか？

もちろんリーダーです。

成長志向があるリーダーの元には、似たような仲間が集まります。「類はとも呼ぶ」ということわざがありますが、これはまさにその通り。働き者の周りには働き者が、怠け者の周りは怠け者が集まります。愚痴ばかり言う人の友だちは、やはり愚痴が大好物です。

さて、あなたの組織はいかがでしょうか？

メンバーは向学心にあふれていますか？

成長したいと考えている人ばかりでしょうか？

もし違うのであれば、それはあなたの向学心が足りないのかも知れません。あなたが最後に本を読んだのはいつでしょうか？　業務の効率化や事業のスケールについて考え、自分で調べていますか？英語やプログラミングなど、何かスキルを身につけようと考えて行動していますか？　もし何もしていないのであれば、あなたには学びたい意欲が足りていないのかもしれません。メンバーにそれを求める前に、ご自身を振り返ってみましょう。

自主的に学ぶことを奨励する仕組みを作る

「リスキリング」や「リカレント」という言葉が流行し、**大人の学び直しが注目を集めています。**

リスキリングとは、自社の事業戦略に合わせて社員に新しいスキルや知識を教育することです。これは、社員に新たな業務を任せるため、または業務の幅を広げるために行います。

一方、リカレント教育とはリスキリングとは違い、個人が自発的に学び直しをおこなうことを意味しています。個人が任意のタイミングで学習をし、仕事や生きていく上で役立つ知識やスキルの習得に努めます。

大学まででで学んだことにしがみついていては、変革していく世の中に取り残されてしまいます。そういった風潮をうけて、企業では特定の資格やスキルを取得した従業員に報奨金を支払う制度を採用することが珍しくありません。

毎月資格手当を支給する企業もあります。

また、資格取得のための学習費用を補助する制度も一般的です。たとえば、ゲーム会社がゲームの購入費用を全額補助したり、一般企業では業務に関連する書籍の購入費用を全額補助したりする制度があります。

私はいずれの仕組みも備えておくべきだと考えます。

なぜなら、先ほどもお話したように、**勉強好きのもとには勉強好きが集まるからです。**

それほど規模が大きくない企業やクリニックにおいても、資格取得やリスキングに前向きな制度を前向きな制度を導入すれば、求職者に「社長や院長が向学心に富んでいる」「学べる環境が整っている」といった印象を与えることができます。

学びたいと考える従業員が多いのであれば、終業後に任意参加の勉強会を開くなどのイベントも試してみる価値があります。

全員で同じ書籍、論文を読んで議論をするといった試みも楽しいでしょう。

従業員の成長を妨げる上司にならないこと

人間は誰しも働くことや成果を出すことにやりがいを感じ、常に成長を求めているという考え方があります。また、人間は働くことが嫌で、常に何らかのペナルティがなければ能動的に働けないとする考え方もあります。

人間は多面的な生き物であるため、どちらかに限定することはできませんが、現在では前者が正しいと考えられています。つまり、**環境さえ整えておけば、人は成長に向かって邁進するはずだと。**しかし、そうとは限りません。**人間が本来持っている成長意欲を失わせる要因は様々ありますが、その一つがリーダーの妨害です。**

組織のリーダーやマネージャーは、失敗を恐れ、成功を求めるあまり、メンバーに対して不適切な反応をすることがあります。

たとえば、リーダーが妨害をする場合、部下が「A社の売上をさらに増やすために○○プロジェクトを提案したいと思います」と提案した際に、「失敗したらどうするんだ」「責任は取れるのか」「成功する確率はどれくらいなのか」といったネガティブな発言をします。

前向きな発言をした部下がこのようなことを言われれば、落ち込んでしまい、**自分で挑戦する意欲を失ってしまう**でしょう。「自分なりに考えて提案しても受け入れてもらえないなら、スキルアップしても意味がない」と考えるようになり、無難な企画しか出さなくなります。そんなメンバーが組織にあふれるようになると、組織は成長するどころか衰退していきます。やる気のあるメンバーや能力の高いメンバーはどんどん退職し、結果的に事なかれ主義の集合体となってしまうのです。

企業がなんらかの行動を起こせばコストが発生し、失敗すればそのすべてが無駄になります。したがって、リーダーが失敗を恐れることは仕方のないことです。しかし**自分の気持ちに振り回されて、部下の成長の意欲を摘むことは絶対に避けるべきです。**たとえ失敗する可能性が高い場合でも、まずは話を聞き、建設的な対案を出すなどの対応を心がけましょう。何か言いたくなったとしても、まずは「自主的に提案してくれてありがとう！」というひと言を添えるだけで、部下に与える印象は大きく変わります。

失敗を恐れず チャレンジできる空気感を醸成する

事業を大きくするためには、チャレンジできる組織であることが必要です。

ただし、大きな挑戦である必要はありません。

今、自分ができないことや試したことがないことに挑戦できる安心感があれば十分です。

たとえばクリニックであれば、まだ採血をしたことがない学生さんが採血に挑戦しようと思えるような、日常的な小さな挑戦で構いません。


そのためには、「**失敗しても怒られない組織であること**」が求められます。

「採血して失敗したら師長や院長に怒られちゃうよ」というような組織では、新しい挑戦はできません。


だからこそ、私はサボりや意図的なミス以外で注意したり叱ったりすることはしません。特に技術的な失敗に対しては、叱る意味がまったくないからです。スタッフは私の方針を理解しているので、新しい技術の習得に積極的です。

スタッフが自らの意思で「何かやろう」「スキルアップしたい」と思い、自主的に行動できる環境や空気感を職場には整える必要があります。

このような挑戦できる土壌作りや、挑戦を応援する空気感はリーダーが率先して作るべきです。これらの行動は自然に生まれるものではありません。

新たな挑戦に足を踏み出したメンバーにエールを送り、失敗しても叱らないこと、そして成功したときは「よくがんばったね」と、賞賛を贈ること。この3つの行動を続けることで、チャレンジできる空気感が生まれます。

このような空気感ができれば、組織としての成長の可能性が広がります。

目標を決めて成功できるなら全員大金持ち

会社経営や人生において「目標」が大切だという意見は、古くからあります。目標を立て、それに向かって努力すれば結果的に成功するという考え方です。

しかし、私はこれに反対です。

もし目標通りに事業を運営できるなら、今頃みんなが大金持ちになっているはずです。目標を立て、その通りに進めることができるのは、貯金くらいのものです。目標を設定し、それを細分化して事業計画に落とし込むといった仕組みは、大企業には求められるかもしれません。株主総会などで、株主・経営者・従業員・顧客・取引先、さらには金融機関や行政機関、各種団体など、企業のあらゆる利害関係者であるステークホルダーに説明しなければならないからです。

しかし、クリニックのような小さな組織には、**数値化した目標は必要ない**と考えます。

私は「来期のお金が一円でも増えればよい」と捉えています。

目標を数値化すると、必ず無理をしてしまうからです。

たとえば、私が「来年の春までに40キロ痩せる」という目標を立てた場合に、達成はほぼ不可能ですよね。

体調を崩すレベルの食事制限や運動に取り組まなければ、40キロの減量は達成できません。

組織でそのような無理な目標を立ててしまうと、その負担は従業員にかかってしまいます。目標を気にしてギスギスしながら働くよりも、**「今よりよくなればよい」というマインドで働いたほうが、前向きになれます**よね。


特に、保険診療や行政の仕組みを主軸としたサービスを展開している場合、売上目標を設けることは、本来の目的と相反する行動を招きかねません。

売上目標を達成するために、不要な検査や診療を行い、無駄な薬を処方するようになれば、国民皆保険制度は崩壊し、医療従事者も患者も困ってしまいます。

新規事業に踏み出すための3つの鉄則

企業やクリニックの経営において、新規事業の開発は不可欠です。

リスクヘッジのためにも、成長を続けるためにも、新たな収入の柱を模索し続ける必要があります。

私もクリニックをスタート地点とし、放課後デイサービスや介護支援サービスなど、様々な医療関連事業を展開してきました。本項目では、その経験を踏まえた新規事業への取り組み方や考え方についてお話しします。

日常に転がる需要の芽を見逃さない

新規事業をスタートするにあたって、最も大切なものは需要です。そのサービス、事業を求めている人がいなければ、事業は成り立ちません。

たとえば、子どもが10人しかいない山あいの集落に小児科クリニックを開院しても、思うように収益は伸びないでしょう。もちろん小児科クリニックは必要ですが、内科や整形外科も併設するといった工夫が必要です。

また需要があったとしても、そのサービスや製品にお金を払ってくれる人がいるかどうかも検討しなければなりません。Twitterで、作家さんが自分用に作った雑貨に対して「ぜひ商品化してほしい」といった声が殺到することがあります。リツイートが5万件を超えるようなバズりが発生することもあります。ところが、その反響に驚いた作家さんがいざ商品化してみると、実際に売れるのは数点にとどまることも珍しくないといいます。需要があるだけでなく、対価を支払う顧客が存在することの重要性がよくわかる事例です。

この需要と顧客の有無をたしかめるために、コンサル会社に調査を依頼する経営者もいます。たしかに、コンサルに依頼をすればある程度の方向性が見えてくるでしょう。しかし、**私は身近な需要の芽で十分だ**と考えています。私の場合は、患者さんやスタッフの声から世の中のニーズを察知しています。

クリニックの場合、対象となる市場はすぐ目の前にあり、お客様の声を容易に入手することができます。

最近では口コミサイト等も増え、より多くのお客様の声を吸い上げることができるようになりました。**お褒めの声の中にも、お叱りの声の中にもヒントはあります。**

マーケティングを学んでみると、マーケティングリサーチの重要性が説かれています。

市場にはどのような需要があり、その市場を開拓することでどれほどの売上が見込めるのかを把握したうえで、資金調達をして事業をスタートすべきだというものです。たしかにその通りですが、小規模クリニック、地方の中小零細企業には、マーケティングリサーチにお金と時間をかける余裕はありません。だからこそ、**自分の耳と目を研ぎ澄まし、日常の中の声に耳を傾ける**ことが重要です。それこそが「生きたマーケティング」だということです。

実は、大企業やスタートアップの中にも、「2ピザチーム」という小規模なチームに顧客のニーズを探求させて、成功を収めている事例があります。

「2ピザチーム」とは、2枚のピザで全員のお腹が満たせるレベルの小規模チームのことです。

アメリカのあるスタートアップは、SaaSプロダクト（SaaSとは「Software as a Service」の略で、日本語だと「サービスとしてのソフトウェア」という意味です）の使い勝手の良さや不満点を洗い出すために、全米各地に2ピザチームを派遣していると聞きます。

チームによってプロダクトの強みや弱み、強化すべき点が明らかになり、改善や新規プロダクトの開発につながっているのです。

私たちのような小規模な組織であれば、**経営者やマネージャーが「2ピザチーム」として顧客の声を吸い上げればよい**のです。ただ耳を傾けるだけですから、費用も時間もそれほどはかかりません。

たとえば、モゲル丸グループの一つである放課後デイ施設は、患者さんのお悩みから誕生しました。発達障害のお子さんをお持ちの親御さんが、「放課後に預けるところがないのよね」とおっしゃっていたのです。

私は、同様の悩みを抱える方が他にもいるのではとヒアリングをしたところ、実はどの親御さんも放課後の子どもの居場所に悩んでいらっしゃいました。そこで、放課後デイ施設を運営することに決めたのです。

「ネガティブな口コミは見たくない」

「悪評を見るとメンタルがやられてしまう」

といった方は、生成ＡＩを活用してみてください。

スタッフに、Googleマップの口コミをコピペで生成ＡＩに貼り付けてもらい、要約してもらうのです。

「私はクリニックの院長です。クリニックの口コミをあなたに知らせるので、その中からクリニックの強みと弱み、改善点をそれぞれ5つにまとめて要約してください」といった指示を出せば、お客様の生の声を見ることなく、様々な情報が確認できます。ただし、生成ＡＩは頻繁に誤情報を生成するため、書いてある口コミと生成された文章の間に乖離がないことを確かめておく必要があります。

あくまでも参考資料としてのＡＩ活用に留めるべきです。

まずは既存事業・既存顧客を活用できる事業を検討する

新規事業と聞くと、革新的な何かが必要なのか、まったく新しい分野に手をつけるべきかと考えてしまいがちですが、まずは既存事業や既存顧客を活用する方法を考えたほうがよいでしょう。

新規事業によって起死回生を果たした企業や、大きく業績を伸ばした企業の華々しい成功ストーリーに目が奪われがちですが、**未知の領域への投資によって成功した企業はごくわずかです。** まずは、よく知った分野からスタートしてみましょう。


たとえば、私のスタートはモゲル丸クリニックです。

内科、整形外科を標榜しており、患者数は4万人を超えました。

その後、放課後デイ施設や日帰り入所施設、病児保育といった事業を派生させています。放課後デイ施設や日帰り入所施設とクリニックは、顧客層が重複しています。また分野としても、医療と隣り合わせであり、クリニック運営のノウハウが活かせます。

このようなやり方であれば、大きなリスクをおかすことなく新規事業を展開できるでしょう。ただし、「よりリスクが小さい事業を探すこと」は、新規事業の開発とは相反する考え方です。**新規事業への挑戦はリスクを伴います。**千三つ（「千のうちわずかに三つ」を表します）という言葉が示すように、成功率は1％を切ると考えておいてください。

複数の事業を小さく始めて伸びがよいところに資金を投入

会社を経営していると「この事業はもうダメかもしれない」と感じる局面が来ることが必ずあります。

私も以前、脱毛機を導入してある程度の集客ができていましたが、コロナ禍によって脱毛機は休眠状態になりました。これが美容に特化したクリニックであれば、一大事だったでしょう。コストをかけて集客するか、慌てて他の診療内容を模索する必要があったかもしれません。

しかし、私には複数の事業の柱があります。クリニックを中心に、障害者支援や訪問介護、看護などがあるため、脱毛分野がうまくいかなくても大きな問題にはなりませんでした。

事業を継続するためには、このようなリスクヘッジとなる異なる分野の事業が必要だと考えます。とはいえ、新しい事業をスタートしたとしても、それがうまくいくとはかぎりません。ユニクロの柳井さんですら「**成功するビジネスはほんの一握りだ**」とおっしゃっています。

「それでは、複数の事業でリスクヘッジすることは無理なのでは」と考えてしまうかもしれません。

しかし、「下手な鉄砲も数打ちゃ当たる」という言葉があるように、大きな資金を投入せずに、複数の事業に種をまくことが大切です。ほとんどの事業が失敗したとしても、1つでも伸びるものがあれば、それが指数関数的に成長する可能性があります。毎月の収支を確認し、「この事業は伸びているな」と感じるものがあれば、そこにさらなる資金を投下してみればよいのです。**挑戦をしなければ新しいビジネスは生まれません。**アイデアがあるなら、まずは行動に移してみましょう。どんなに素晴らしい考えであっても、行動に移さなければ一銭も生み出せませんよ。

右腕を育て、任せる

新規事業を立ち上げるということは、遅かれ早かれ創業者の目が届かない事業が生まれることを意味します。

クリニックの拠点が1つだけであれば、院長がすべてのスタッフに目を配り、サービスの均一化を図ることができます。しかし、当然のように拠点が増えると、物理的に目の届かない場所や人が増えてきます。

たとえば、当院のグループには病児ケア施設や放課後デイ施設、日帰り入所施設などがあり、それぞれが異なる領域でサービスを展開しています。そのため、私は日々の出来事をすべて把握することができません。さらに、採用までを他の人に任せているため、新入職員の顔すら知らないこともあります。しかし、私は不安を感じていません。そこには、安心して任せられる右腕がいるからです。

成功企業には必ず「右腕」が存在している

世界中には大きな成功を収めた企業が数多く存在しています。彼らが成功した理由を探り、それを今後の会社経営に活かそうというのが経営論という学問の一要素です。

私は様々なビジネス書や経営理論、マネジメント論などを読んできましたが、ほぼ**すべての成功企業に共通しているのは「右腕」の存在**です。

かの有名な京セラの稲盛さんには森田直行さんが、アップルのスティーブ・ジョブズさんにはジョナサン・アイブさんがいました。

強烈な個性を持つリーダーばかりに注目が集まりますが、彼らの右腕として辣腕（らつわん）を発揮した人物の存在を見落としてはいけません。強いリーダーだけでは、組織を健全に運営し、事業をスケールすることは到底できません。

右腕とは

私が定義する企業における「右腕」とは、自律的に動ける人、目標に向かっても自分で行動できる人です。その進捗のスピードは問題ではありません。

織田信長も、自律的な部下を求めたといいます。信長は、自分の指揮下で命令を忠実に聞く部下よりも、反抗してでも**自分の意思で行動する部下を重んじていた**と言われています。豊臣秀吉も、指示を聞かずに自分の意思で行動するタイプでした。

信長は結果を求める人物というイメージがありますが、実は**自律的に動く人であれば、たとえ失敗しても気にしない**と言われています。

組織にとっての右腕とは、リーダーの考えや方針を深く理解し、サポートを行う信頼できる人材を指します。リーダーとして経営の重責を背負う中で、一人で全てを判断して実行するのは非常に困難です。だからこそ、右腕は必要なのです。

右腕を見つける

「自分の右腕として、事業を任せることができる人など存在するのか」といった経営者やリーダーの嘆きを耳にすることがありますが、**必ず存在しますと断言できます。**

ある程度、人を雇用していくと「**この人は自律的に動ける人物だ**」**というのがわかってきます。**その中から、ポジティブで能力が高い人を右腕として育成すればよいのです。

組織で働く人間は、受動的な人間と能動的な人間に分けることができます。受動的な人間は指示待ちタイプです。受動的だからといって能力がないとは限りません。非常に高いスキルを持つ受動的なタイプも存在します。まずは能動的に動ける人物かどうかを見極めてみましょう。**能動的に動ける人物は、自分の頭で考えて今やるべきことや将来のためにやるべきことを行うことができます。**

難しいのは、優秀だけれど指示待ちの人材と、動けるが抜けている人です。右腕になり得るのは、**たとえ抜けている部分があっても自分で動ける人**だと私は考えています。能力が足りなくても、自分で動いてくれる人でなければ経営者の右腕にはなれません。

仕事が人を育てる

「この人は能動的に動ける人物だ」と思ったら、次はその人に仕事を任せてみてください。最初は部門ひとつだけにしておきます。うまく取り仕切っているようであれば、さらに大きな仕事を任せてみてください。クリニック経営でいえば、まずは受付業務全体を任せ、うまくできるようになったらバックオフィス全体を見てもらうというスタイルです。**仕事が人を育てます。**本や座学での学びももちろん必要ですが、大きく成長させるのは実践です。このように段階を踏んで任せていけば、その人物のスキルを伸ばしながら組織を拡大できます。

任せてみてうまくいかない場合は、右腕候補から外して通常の業務に戻ってもらいます。**人間は自分の能力を存分に発揮できる場所で働くことに喜びを感じます。**本来の能力を超えたスキルが求められる仕事は、本人にとってもプラスにはなりません。温情をかけることなく、迅速に判断して配置を元に戻しましょう。

外部&内部のモニタリング体制を整えておく

右腕を育てるために欠かせないのは、**不正やミスを早期に発見する仕組み**です。企業内部の責任者、マネージャー層による不正やミスは組織運営に大きなダメージを与えます。

私は、不正やミスを未然に防ぎ、またすぐに発見できるように、税理士に毎月のお金の動きをチェックしてもらっています。外部の専門家がチェックしていることが周知されていれば、金銭的な不正やミスは発生しにくくなります。

また、私自身もお金の動きについては逐一目を通しています。気になることがあれば担当者や責任者に質問をするようにしています。こうすることで、「先生もチェックしてくれている」という意識が浸透していくのです。

右腕に任せたら口を出さない

右腕が一つの組織を自力で回せるようになり、モニタリング体制の構築が完了したら、経営者や院長は目を離すようにしましょう。そして、採用や育成方針、施設の運営方法までを右腕に一任します。

「任せようと思っても間違ったことをしているのではないか、失敗するのではないかと思ってついつい現場を見に行ってしまう」

こんな方もいらっしゃるでしょう。

現場を見に行くことは悪いことではありません。しかし、これではいつまでたっても右腕は独り立ちができません。組織に二つの頭は不要です。**右腕に任せる能力があると判断したなら、心を鬼にして口を出さないようにしましょう。**

お子さんがいらっしゃる方は、お子さんが危険を伴う挑戦をしようとしているシーンに直面することがあるかと思います。急斜面のアトラクションに登ろうとしているとき、ロープを頼りに壁面を登ろうとしているとき、など「危ない!」と手を貸したくなることは多々あるでしょう。そんなとき、保護者が「落ちないようにね」と子どものお尻に手をあてて守ってあげていたらどうでしょうか。きっとその子は落下することはないものの、一人でアトラクションの頂上に登ったという達成感は味わえません。「パパorママが支えてくれて、上に登った」と感じるはずです。ですが、何も手を貸さずに上に登った子どもは「一人でできた!」という成功体験を味わえます。

このように、「親の助けでできた」と感じる子どもと「一人でできた」と感じる子ども、どちらが自信を積み重ねていけるでしょうか。圧倒的に、後者の子どものほうが**多くの成功体験を構築できる**はずです。

これは、右腕にも同じことが言えます。

経営者が逐一口を出して組織運営を成功に導いたとしても、それは右腕の成功体験にはなりません。

私は日帰り入所施設のリーダーから「車両を洗う係を雇ったんですよ」と言われました。運転手ではなく、車を洗う係です。当グループには数多くの車両が稼働していますが、それを洗う専任者が本当に必要なのかと疑問に思いました。しかし、口には出しません。なぜなら、私はもはや現場のニーズをすべて拾いきれないからです。洗車にどれだけ時間が割かれていて、そのためにどんな業務が犠牲になっているかはわからないのです。そんな私に「洗車担当は不要だ」と言われたら、現場のリーダーはむっとするでしょう。洗車担当が本当に必要かどうかを吟味した上で、決断を下しているわけですから、「何も知らないあなたに言われたくない」と考えるはずです。

ちなみに、洗車担当を雇用してから車両の運行係の稼働は増えて、集客アップにつながったとのことでした。私が「洗車担当なんてもったいない」と言っていたらこの成長の芽は潰れていたことでしょう。

このように、**右腕に任せると決めたのであれば徹底的に任せることが重要です。**

格言に、山口県下関市の教育者である緒方 甫さんが言った子育て四訓「1．乳児の時は、肌身離さず。2．幼児の時は、肌を離して手を離さず。3．少年の時は、手を離して目を離さず。4．青年の時は、目を離して心を離さず」というものがありますが、これは組織運営にも当てはまります。まずは手を離して、目を離すところからスタートしてみてください。

右腕を増やす

人間の体に右腕は一つしかありませんが、組織では多数の右腕を持つことができます。**右腕となった人物がさらに自分の右腕を育てていく**ことで、加速度的に優秀な人材がその場に増えていきます。

あなたの事業が伸び盛りで魅力的であれば、優秀な人材が集まってきます。右腕が増えることで、事業も成長し、収益も増えていくはずです。このフェーズに入れば、あなたの事業は一定のレベルに到達するまで成長できるでしょう。自ら考え、伸びていく人材が生まれやすい環境を作ることが大事です。

組織の中が右腕クラスの人材だらけになったとしたら、もう黙っていても企業はどんどん成長していきます。

そのための環境づくりこそがマネジメントの重要な部分なのです。

借金力を身につける

事業を拡大するため、新規事業を展開するためにはお金が必要です。

自己資金でよい？

とんでもない。

自分で事業資金を貯蓄していたら貯まる頃には定年間際になっているかもしれません。借金は早ければ早いほどよいというのが私の持論です。

また、**お金を借りられることはスキルのひとつ**だとも考えています。ここから先では、事業をスケールするために必要な借金マインドについてお話しします。

事業はお金をかけ流ことで成長する部分も多いので、まずは借金力もマネジメントでは必要な要素なのです。

個人の借入金額が大きすぎて銀行が共同融資を検討した

私の妻は、私の借金が増え続けていることに驚きながらも笑っています。

結婚当初は1億円だった借金が今では7億円にまで増えました。しかも、融資を受けているのは私個人です。法人格ではなく個人に融資される金額としては非常に大きいかと思います。メインバンクである地方銀行は「当行だけでは前例がないから」と、複数の銀行が投資組合を組成しようと検討したほどです。

このエピソードを読んで、ぎょっとした方が多いのではないでしょうか?

日本では「借金＝悪」という価値観を持った方が多いように感じます。生活費が足りずにリボ払いや消費者金融からのキャッシングに走ってしまうことは、破滅の始まりかもしれません。

しかし、事業のための資金調達としての借金は話が別です。むしろ、**借りられるだけ借りて、どんどん事業を展開すればよい**のです。特に医師は信用力が高いため、他の職業よりもお金が借りやすい傾向があります。また、事業が頓挫したとしても、バイトを掛け持ちすれば数億円であれば返済は不可能ではありません。

私は7億円の借金があることに恐れを抱いていません。むしろ、「よく貸してくださった」「よく借りられた」と喜んでいます。この7億円が新たなお金を稼いでくれるからです。そして、さらに多くの医療や福祉で困っている人を助けることができるからです。

借金を借金と思わないマインドであれ

私は7億円の借金を「いわゆる借金」とはとらえていません。

私が本当にやりたいこと、「多くの患者さんを診る」を実現していくためには相当な資金が必要になります。

目的を達成するための手段の一つが借金であり、それは願いを叶えてくれるツールだと思っています。

こんな私も昔はお金が減ることに恐怖を覚えていました。眠れなくなって睡眠薬を飲んでいたこともありました。ですが、自分が本当にやりたいことはなんだろうと考えたときに、考え方がスイッチしました。

借金は返済できてさえいれば問題はありません。決められた日に返済できさえすればそれだけでよいのです。

実は**借金を借金と思わないマインドを持っているだけで事業をスケールする才能の1/3は満たしています。**

寝ても覚めてもビジネス脳!　どうすれば?

経営者は多かれ少なかれ、常に事業のことを考えがちです。寝ても覚めてもお金のことや組織のこと、人材のことを考え、夢にまで出てくるといった方も少なくないのではないでしょうか。

私は最初にお話ししたように、一度組織を壊滅させた経験があります。患者さんも来ず、スタッフもゼロになったとき、「**人がいなくなったら全部自分でやればいい」というマインドが身につきました。**

お金についても、「最悪自己破産すればよい」と考えています。医師は中途半端な金額では破産が認められません。だからこそ思いっきりやりたいことをやればよいのです。今、資金面で苦しい経営者さん、院長さんは「最悪破産すればいい」と思えば、気が楽になりますよ。あなたが**元気でいさえすれば何度でもやり直しがききます。**医師であれば当直バイト等で寝る間を惜しんで働けば、すぐに再出発の資金が貯まるはずです。医師でなくても、一度事業を興せたなら資金を作る方法は知っているはず。何も怖いことはありません。

第五章

教えてモゲル丸先生！
チーム運営の困りごとの駆け込み寺

メンバーのマネジメントに関する悩み10連発

まずはチームメンバーのマネジメントに関するお悩みにお答えしていきます。

Q：自分がリーダーとしてやっていけるのかという不安な気持ちはどうやって克服できますか？

A：医師は本来、リーダーの素質がなければ務まらない職業であり、日々の業務を通じてマネジメント能力が育っているはずです。ただし、自身の社会的地位の高さと、ビジネスにおいて未熟であるという認識は持っておくべきです。

大学の医局を出て開業する際に、「自分にはリーダーシップがないのでは」と不安に思う医師がいます。しかし、医師はリーダーの素質がなければ務まらない職業です。

たとえば、外科手術は医師一人では行えません。看護師とのカンファレンスが必要ですし、術後ケアも看護師の仕事です。CT撮影も放射線技師との調整が必要です。このように、医師は病院での業務を通じてマネジメント能力がある程度育っています。

ただし注意すべきは、医師の社会的地位の高さです。医師は様々な業者と話す機会がありますが、その社会的地位の高さ故、相手が頭を下げてくれることが多いのです。社会に出たときには、これを理解しておくべきです。また、ビジネスにおいては未熟な部分があることも知っておきましょう。医師がクリニックの建築の際に内装工事でぼったくられることもありますし、業者同士で談合することもあるでしょう。医師の信用力を利用することがあることを理解しておくべきです。

Q：スタッフに経営者と同じ気持ちで働いてほしいのですが、みんなやる気をだしてくれません。どうすればよいですか？

A：被雇用者とリーダーが同じ視点で働くことを望むのは難しいことです。ただし、仕組みによってある程度の改善は図れます。

私たち経営者は、週の労働時間が80時間になろうと120時間になろうと苦痛を感じません。むしろ忙しいことを喜び、やりがいを感じながら働くことができます。しかし、従業員はそのような意識を持っていません。労働時間が長くなれば嫌気がさしますし、あまりにも忙しければ精神的にまいったり、体調を崩したりして働けなくなることもあります。しかし、このようなマインドを持つ従業員を責めるべきではありません。経営者が忙しくなるほど利益が上がりますが、従業員の辛さや頑張りは経営者ほど報酬に反映されないからです。

「ひとりひとりが経営者と同様の意識を持って行動するように」というのは無理な話です。人間は見返りがなければ全力を発揮することは難しいものです。学生時代の勉強を思い出してください。「東京大学に合格する」という目標を立てたとしても、自分のすべての力を出し切れる人は少数です。勉強は自分のためであっても、全力を注ぎ込むことが難しいのが人間です。

仕事に話を戻しましょう。従業員のモチベーションを高め、経営者に近い温度感で働くようにするためには、まず有能な人には適切な報酬を支払うことが重要です。当クリニックでは、事務スタッフや看護師などの職掌に関係なく、「真面目に考えて働く人」と感じた場合には、翌月から昇給するようにしています。私は地域の同職種の中では「お給料が高い」と思っていただけるレベルまで昇給しています。

ただし、昇給は基礎中の基礎です。昇給によるモチベーションのアップや意識の変革は一時的なものに過ぎません。ここで重要なのは「丸投げ」です。人間は責任ある仕事を任されることで意欲が高まります。「適切な報酬の支払い」と「丸投げ」をセットにすることで、各々がうまく機能するようになります。

しかし、すべての人が「たくさん稼ぎたい」「やりがいのある仕事を任されたい」と考えているわけではありません。「負荷が軽い仕事でそこそこの給料がもらえれば満足」といった考え方をする人もいます。育児や介護などの家庭の事情でフルコミットできない人もいます。そういった人に高い報酬とやりがいのある仕事を任せると、プレッシャーで仕事に嫌気がさしてしまうことがあります。そういったライトな働き方を望んでいる従業員には、フレックス制度や時間単位の有給制度など、フレキシブルな働き方を用意してあげることで、家庭と仕事の両立がしやすくなり、モチベーションを落とさずに業務に邁進できます。

Q：従業員のモチベーションが低いです。どうしたらよいですか？

A：リーダーが従業員のモチベーションを小手先の手法でどうにかすることは難しいです。深く立ち入らず、仕組みや業務内容で解決してください。

従業員の日々のモチベーションの高低を気にしないことも大切です

私はスタッフのモチベーションが低くても気にしません。全員のモチベーションを気にしていたら身がいくつあっても足りません。毎日ディズニーランドのようなテンションでは、自分も周りも疲れてしまいます。また、女性はホルモンバランスの関係でサイクルの中でどうしてもモチベーションが低くなることもあります。ホルモンバランスの変動による対処法を知っているはずです。

従業員のやりたいことと組織の目的が一致していればモチベーションは高まる

医師や看護師を目指す理由は人それぞれですが、多くの方が「苦しんでいる方を救いたい」「病気の方の力になりたい」といった強い意志を持って医療職を目指したのではないでしょうか。私も病気の人を治療したいと強く感じて医師になりました。この「やりたいこと」と組織の目的が一致していると、従業員のモチベーションも自然に高まります。

従業員のやりたいことと組織の目的を一致させるためには、以下の2つの方法が考えられます。

・面接の際にやりがいことをヒアリングしてビジョンと一致した人のみを採用する
・採用後の研修等で従業員のやりたいことと組織の目的を一致させる

確実なのは前者です。採用の段階で両者が一致していれば、就業後のミスマッチを防げます。しかし、すでに働いている従業員についてはそういうわけにもいきません。既存の従業員については、以下のステップを踏んで組織のビジョンを伝え、共感を求めましょう

1、ビジョンを周知するための研修等を実施する

2、従業員とリーダー層が積極的にコミュニケーションをとる

ただし、社員に企業理念やビジョン、フィロソフィー（人生観）などを強制することはできません。

米国の企業であればビジョンに納得できない従業員を解雇することができますが、日本では労働者が手厚く保護されています。ビジョンに共感してもらえないからといって解雇することはできないことを把握しておいてください。

とはいえ、思想や価値観が大きく異なっても、仕事としてやりたいこと自体はかなえることができます。たとえば「地域の皆様に絶え間ない医療の提供を」というビジョンを掲げているクリニックがあり、年中無休、午後10時まで診療しているとします。しかし、とある看護師が「病気の人を助けたい気持ちはあるが、土日祝日も診療しているクリニックのシフトがバラバラでイヤだ。仕事もプライベートも大切にしたい」と考えているとします。

一見すると、絶え間ない医療を提供したいクリニックと看護師の間には大きな溝があるように見えますが、根幹の「病気の人を助けたい」という思いには共通点があります。また、この看護師は仕事とプライベートを両立したいだけで、働くことに消極的なわけではありません。平日の日勤のみという条件であれば、この看護師は意欲的に働いてくれる可能性があります。であれば、排除する必要はなく、この看護師が働きやすいようにシフトを組んであげればよいのです。

このように、組織のビジョンと従業員のやりたいことが完全に一致しなくても、部分一致しただけで組織がスムーズに回るようになります。採用時には組織のビジョンと従業員のやりたいことがマッチすることを確認し、既存の従業員には研修などで擦り合わせたり、部分一致する業務を探したりすることが大切です。

最低限しなければならない業務を決めておく

モチベーションが低いときや気力が湧かないときでも仕事ができるように、最低限やるべき仕事を決めておきましょう。クリニックが運営できているのであればヨシとします。私は最低限のタスクさえこなせていれば合格としています。人間は誰しも気分の浮き沈みがありますし、やる気が出ない日もあります。

第六章　地方クリニックのためのマーケティング論

つづいて、マーケティングについてお話しします。マーケティングとは、企業などが製品やサービスを売るための一連のプロセスを指します。これには、新製品を開発するための市場調査や潜在顧客層のインサイトの深掘り、製品の開発、プロモーション計画の策定、販売後のフォロー体制の構築など、すべてが含まれます。とはいえ、クリニックのマーケティングはここまで大掛かりなものではありません。

クリニックにおけるマーケティングは、「標榜科の決定」「開業エリアの選定」「診療方針の決定」「集客方法の模索」「サービスの質を改良するためのリサーチ」といった形に細分化できます。

診療科と開業エリアの選定および決定

開業する際は診療科と開業エリアをセットで決定します。

ほとんどの先生は専門とする診療科があるかと思いますので、大学で学び、長く続けてきた診療科を選ばれることでしょう。

私は、消化器内科を学びましたが救急外来の経験もあり整形外科も診療できます。したがって、多くの患者さんを救いたいという理念をかなえるため、内科、整形外科を診療科目としました。

また開業エリアを岐阜とした理由は、日本の大学で学んだ際にお世話になった病院から近かったためです。馴染みのある土地で開業をしたいと考えていました。

ここまでお話ししてお気づきかと思いますが、私自身は開業エリアの選定や診療科目の決定について、戦略的ではありませんでした。むしろ、行き当たりばったりだったように感じています。クリニックを開業する際、ある医療機関の開業コンサルからは「このエリアは競合が多いから到底無理だ」と言われたほどです。しかし、彼らの予想に反し、もげる丸クリニックは多くの患者様の支持をいただいています。

なぜでしょうか?

私が選んだ診療科目がよかったのか?

エリアがよかったのか?

答えは、患者様、**地域のニーズに一致するサービスを提供した**ことにあります。つまり、診療科目の決定は開業エリアはそれほど関係なかったのです。

今、クリニックを開業しようとしている先生は、人流や夜間人口、昼間人口等の統計データを穴が開くほど見つめているかもしれません。もちろん、それも大切です。しかし、、診療科目や開業エリアの選定に必要以上に神経質になる必要はありません。

重要なのは、**そのエリアの患者さんが求める医療を提供できるかどうかです。**

経営方針を決定する

開業の際の最重要項目は、経営方針の決定かもしれません。

先述しましたように、当院は一度、大失敗を経験しました。その理由はすべて私にあります。私が掲げる理念をスタッフが周知することなく、むしろスタッフの機嫌をとるようなスタイルで運営していたためです。その結果、誰もクリニックの理念を実行しようとせず、組織は崩壊してしまいました。

経営方針を掲げ、毅然と進んでいれば、あのような失敗は避けられたかもしれません。この失敗から、私は経営方針を貫くことの難しさと大切さを学びました。再起を図る際には、「病気の人を助けたい」という初心に立ち返り、その理念を経営方針に落とし込みました。

これから開業する先生方には、そのクリニックで**誰に向けて何を実現したいのか**を考えてみてください。経営方針やビジョンは、今後のビジネスだけでなく、採用するメンバーの価値観や患者さんにまで影響を与えます。全員に受け入れてもらう必要はありませんが、**あなたが実現したい未来の姿を文章にしてみてください。**

経営方針やビジョンがまとまったら、プリントアウトしてあなたが常に目にする場所に貼り付けておいてください。

より良い医療を提供するための仕組みづくり

「仕組みづくりがマーケティングなの?」と不思議に思われるかもしれませんが、これもれっきとしたマーケティングです。なぜならば、医療は無形だからです。仕組みを作らなければ、サービスの質が不安定となり、患者様にご満足いただけません。

たとえば、洗剤メーカーが洗剤を開発する際、以下の項目について詳しく検討し、より消費者に支持される製品を作ろうとするでしょう。

・洗浄性能の向上
・消臭や柔軟といった付加価値
・環境への影響

これらの項目は開発の過程で数値化できます。既存製品よりも洗浄性能や消臭能力が高ければ高いほど、売れ行きに良い影響を与えます。つまり、製品の品質は開発が完了した時点でわかるのです。

しかし、医療のようなサービスは患者さんと医療従事者が接した瞬間にようやくその質がわかります。

「この先生は愛想が悪いな」
「看護師さんは優しいな」
「受付の人が乱暴な言葉遣いだな」

このような属人的な感想が患者さんの評価の一部となります。

とはいえ、「個性だから」と手をこまねいているわけにはいきません。そこで必要となるのが、サービスの品質を均一化する仕組みです。

だからといって、マニュアルで言葉遣いや接客マナーを固める必要はありません。「患者様のことを第一に考える」といった院長の方針を周知徹底すること、そしてそれを実践できているメンバーを評価する体制があれば十分です。患者様のことを考え、行動できるメンバーには平均以上の報酬を支払うことや、成長によって昇給を行うことも、仕組みの一環といえます。

集客方法の模索

医療機関が実行できる集客方法には限りがあります。まず、クリニックの広告規制はＷｅｂサイトに関するものと、それ以外のものに大別されます。Webサイト以外のものとは、リスティング広告やSNSへの投稿、テレビやラジオのCM、看板などです。医療機関の広告宣伝は法律で厳しく規制されており、表現方法には制約があります。

●最適な集客方法はクリニックの数だけ存在する！　まずは一通り試してみよう

保険診療が中心のクリニックにおいては、患者さんに来ていただかなければ商売は成り立ちません。「どの集客方法がもっとも効果があるんでしょうか？」と聞かれることがあります。私自身、様々な集客方法を試してきて、当院にとっての効果的な手法がある程度わかってきました。

そんな私が言えることは「**とにかく試さなければわからない**」ということ。無料でできるものもあれば、費用がかかるものもあります。無料でできるものは、医師や事務長などのリソースを割く必要があります。予算や人的リソースを考慮しつつ、試してみましょう。

おすすめは「ミニマムスタート」です。集客に割ける予算をすべて使うのではなく、**最小限のコストで一つずつ試してみて**ください。そして、最適な方法に辿り着くまでにかかったコストを無駄銭とは考えないでください。最適解に出会うための必要経費です。

私に必要なものは「認知度の向上」だった

クリニックの集客方法は様々だとお話ししました。したがって、私が成功した方法が皆さんのクリニックでも効果を発揮するとは限りません。しかし、参考になる点もあるかと思いますので、当院・当グループの広告宣伝手法についてお話しいたします。

現在、当院に患者様がご来院くださっている理由として、岐阜駅前の看板や大型ビジョン、バス広告、地元の月刊新聞への広告掲載が効果を上げていると考えています。

私がクリニックをオープンしたとき、患者さんがまったく来てくれませんでした。

自己破産を考えるほど追い詰められていたとき、妻が「**患者さんがこないのは認知度が低いからだ**」と気づかせてくれました。

彼女は「あなたがこんなに頑張っているのに患者さんが来てくれないのは、あなたのことを誰も知らないからよ」と言ってくれたのです。

そこで私は、**認知度を向上させることにフォーカス**しました。

認知度を高める手法には様々なものがあります。

電車の中釣り広告やラッピングバス、駅の地下通路の広告ジャックやオーロラビジョンなど、多彩な選択肢があります。

さらに、インターネットやSNSでも露出を増やすことで、認知度をさらに拡大することも可能です。もっと言うと、テレビCMやラジオCMも依然として有効な広告手法です。

その中でも私が選んだのは、看板、ラッピングバス、新聞広告というシンプルかつ古典的な手法でした。

なぜなら、地方都市である岐阜市において、多くの人が目にするのは駅前の看板や道路を走るバスだからです。

地方にはそれぞれの特性がありますので、自分の街がどのような特徴を持っているのかを考え、その上で認知度を向上させるために何が有効かをマーケティングしてください。

情報量はミニマムに

私たちの看板のデザインはいたってシンプルです。

情報量も最小限に抑えています。当初はスタイリッシュでデザイン性の高い看板を作ろうと考えていましたが、最終的には**無駄な情報を削ぎ落とした看板**にしました。午後10時まで診療していることと、クリニックであることしか情報はありません。しかし、家族や自身が熱を出したとき、その看板を思い出してもらえるのです。

「**そういえば、駅（バス）に夜10時って書いてあったな**」と思い出していただければ、当院への動線はもう整っています。

「岐阜　夜10時　病院」と検索すれば、もげる丸クリニックの公式サイトがヒットします。インターネットが普及し、誰でも気軽に検索できるようになった今、この手法が効果を発揮します。昔のようにタウンページを開いて調べる時代ではありません。

この方式は、きぬた歯科と同じです。きぬた歯科さんはさらに強烈で、至る所に目立つ看板を掲げており、多くの人に「きぬた歯科」として認知されています。

2024年2月、東京に大雪予報が出た際には、きぬた歯科が看板に400万円の温度計をとりつけて、話題に登っていました。看板に温度計がついていれば、キー局のカメラが看板を撮影して、報道番組で流します。一般の方も撮影してInstagramやTwitterに投稿することでしょう。たった400万円でこれほどの広告露出を獲得できたのです。

一般的に、首都圏のテレビCMは時間にもよりますが、1回放送するだけで最低でも50万円、ゴールデンタイムであれば100万円から300万円ほどです。この温度計付き看板が放送された時間は、いくつものCMに相当するでしょう。

このように、シンプルな看板広告でも、きぬた歯科さんや当院のように認知度の拡大や集客の効果を出すことは十分に可能です。この広告宣伝方式を採用する場合は、**洗練されたデザインや、おしゃれさは忘れてください。**今、あなたの身の回りの看板を見渡してみてください。おしゃれな看板と、シンプルな看板、どちらが印象に残るでしょうか。**おしゃれな看板は、おしゃれだとは感じてもなんの看板なのかわからないものが多いはずです。**

クリニックにおけるＳＮＳ活用方法

今やＳＮＳはマーケティング、集客、ブランディングには欠かせないツールのひとつとなりました。クリニックや企業の公式アカウントだけでなく、クリニックの院長、事業会社の経営者やマネジメント層のアカウントも活用することで、様々な恩恵を受けられます。

私は、**ネット上での認知度を向上させることが、信頼感の醸成に繋がる**と考えています。これは、患者さんに対する信頼感だけでなく、採用においても重要です。

「**この先生はどんな人なんだろう**」と気になったときに、本名で検索して本人のＳＮＳがヒットすれば、その人となりがある程度わかり、安心できるはずです。

私はこれまでＩｎｓｔａｇｒａｍ、Ｔｗｉｔｔｅｒ、ＹｏｕＴｕｂｅなど様々なＳＮＳで情報発信に取り組んできました。Ｉｎｓｔａｇｒａｍでは1万人にフォローしていただきました。最近はＩｎｓｔａｇｒａｍの投稿はほとんどしていませんが、患者さんからは「見ていますよ」と言っていただけることもあります。

「この先生はどんな人なんだろう」と思ったときに、**Ｉｎｓｔａｇｒａｍを見ることである程度の雰囲気がわかり、安心する**といった声も耳にします。私にとって、Ｉｎｓｔａｇｒａｍは相性が良く、成功した施策といえるでしょう。

一方で、Ｔｗｉｔｔｅｒはあまり成果が出ていません。投稿内容を変えてみても、Ｉｎｓｔａｇｒａｍほどの反応が得られません。私にとっては、ＴｗｉｔｔｅｒよりもＩｎｓｔａｇｒａｍの方が向いているといえるでしょう。もちろん、Ｔｗｉｔｔｅｒが得意な先生もたくさんいらっしゃいます。

結局、投稿を継続できるかどうか、評価をいただけるかどうかは、自分とその媒体との相性によるものです。

どのＳＮＳが自分に合うか分からないときは、自分が普段からよく見ているＳＮＳを選んでみてはいかがでしょうか。日常的にチェックしているＳＮＳであれば、お作法や好まれやすい投稿の傾向が自然とわかるはずです。

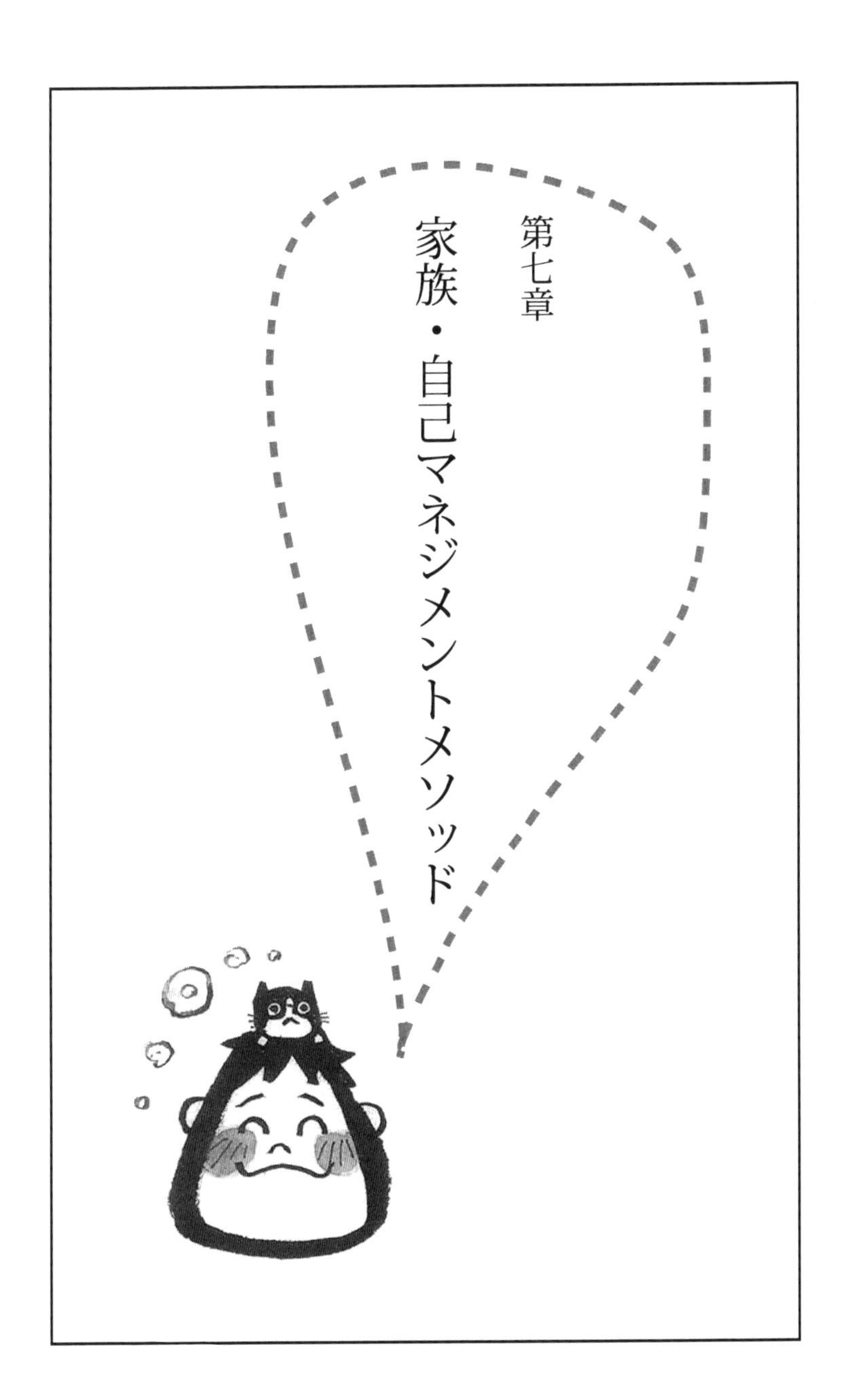
第七章
家族・自己マネジメントメソッド

経営者にとって、家族との関わり方は意外と頭を悩ませる問題です。

会社経営にフルコミットしてしまうと、家族とのコミュニケーションが乏しくなりがちですし、家族との時間も確保しにくくなります。しかし、会社経営や事業の運営は、プライベートの時間をしっかり確保できるほど甘いものではありません。特にプレイヤー兼経営者としての役割を持つクリニックの院長は、プライベートが充実しにくい傾向にあります。そこで本章では、クリニックの院長や小規模な企業の経営者、管理職に向けて、家族との関わり方について、私の経験を踏まえてお話しできればと思います。

常識に囚われない最適解を模索する

現在、私は岐阜と東京の二拠点で生活をしています。

岐阜にはクリニックがあり、東京には妻子が暮らしています。常識的に考えれば、職場がある岐阜で家族とともに暮らしたほうがよいでしょう。しかし、私はあえて岐阜と都内での二拠点生活を選択しました。

私が二拠点を選んだ理由は、子どもの教育の質と、東京でしか得られない経験にあります。

韓国には「馬は済州島に送れ、人はソウルに送れ」という格言があります。これは、馬は済州島の雄大な自然で伸び伸びと育つが、人間は韓国中の知識と富が集まるソウルで成長できるという意味です。私もこの意見に賛成です。人間性がのびのびと育つのは確かに地方ですが、日本は学歴社会です。日本でも東京都内に多くの優れた教育機関が集中しており、都民の学業に対する意欲は抜群です。「東大を卒業した医師」と「韓国の大学を卒業した医師」、どちらに診察してもらいたいですか？　ほとんどの方が東大を選ぶでしょう。この現実を踏まえ、より高い学歴が見込める東京での学習機会を子どもに与えることが、私にとって最適解でした。

ビジネスの面でも、東京で得られる人脈や情報は欠かせません。東京には国内の大手企業の本社や報道機関が集まっています。どこにいてもインターネットで最新情報をすぐに得られる時代ですが、そこでは偶然の出会いや人脈は生まれにくいでしょう。テレワークで満足できる人もいますが、私は**実際に会うことに重きを置いています。都内にいるからこそ生まれる偶然の出会いもあるのです。**

夫婦の時間を意識的に確保する

夫婦は一緒にいる時間が長ければ長いほど、**相手に対して甘えが生じる**ものだと私は考えています。

「今日は少し仕事が遅くなりそうだけど、連絡をしなくてもわかってくれるだろう」
「土日は疲れているから、少し寝坊をしても許してくれるだろう」

このように自分勝手に判断して付き合っていませんか？

特に一家の大黒柱として生計を担っている側は、どうしてももう一方のパートナーに甘えがちになります。こうした甘えが少しずつ積み重なることで、夫婦の間に溝が生じてしまうのです。だから私は、少しでも時間が空いたときには、２人でランチを食べに行くなど、２人の時間をできるだけ確保するようにしています。

みなさんの中にもなかなか夫婦で話す時間がないという方がいると思います。
たとえば、子どもを塾に連れて行くときに、ほんの少しでも自動車の中で話すだけでも、コミュニケーションは取れ流のですよ。

このような**ちょっとした時間は、意識的に確保していかないと実現できないものです。**

返信があろうとなかろうとＬＩＮＥを送る

私たち夫婦は仕事の関係で週の半分は別居生活をしています。

「離れているのに、なぜ夫婦仲が円満なのか」と問われることがありますが、私は特別なことをしているつもりはありません。ただ、私が妻と話したいと感じたときに、ＬＩＮＥを送っているだけです。

私が岐阜のクリニックで働いている姿を見たことがある人ならわかると思いますが、仕事の合間にしょっちゅう電話をしたり、メッセージを送ったりしています。

もちろん、仕事の連絡も多数含まれていますが、その中には妻とのコミュニケーションの時間も含まれています。

勤務している先生やサラリーマンの方は、職務中にプライベートなチャットや電話をすることが禁止されているため、難しいかもしれませんが、それでもトイレ休憩やランチの時間に連絡をするのであれば問題ないはずです。

「妻（夫）にLINEを送っても返事がそっけないから送るのが嫌になった」

こんな声を聞くこともありますが、私は気にしないようにしています。

なぜなら、私がメッセージを送りたいから送っているからです。**相手に見返りを求めると、お互いにしんどくなってしまいます。**メッセージを送ったら返信がこなくて心配でたまらなくなるという方は、メッセージの返信の有無以外の問題を抱えているのかもしれません。

自分が気になる家事・育児は自分が主体になる

共働きかどうかにかかわらず、どの家庭においても家事や育児の分担問題は、なかなか解決が難しい課題です。

専業主婦だからといって、家事や育児のすべてを担当すればよいという時代でもありません。同じように、共働きだからといって家事や育児の分担をそれぞれ半分にすれば解決するというわけでもありません。

では、どうすればいいのでしょうか?

私は、その**解決方法の一つが主体性にある**と考えています。

たとえば我が家では、子どもの小学受験を検討しており、現在は塾通いに励んでいるところです。

小学受験は、ある意味では親の受験とも言われています。どの小学校を目指し、どの塾に通わせるのが良いのか。家では一体何をすればよいのか。そして、実際の面接では親の応対も評価の対象となります。親の物理的、精神的な負担はかなりのものです。だからこそ、我が家では小学受験を決めた私が主体的に動いています。

受験する学校の候補を決めるのも、塾を選ぶのも私です。

もちろん、妻と情報は共有しますが、私はこれを自分ごととして捉えて動いています。私が小学受験の必要性を痛感して決めたのに、「あとはよろしく」と妻にすべての選択や決断を委ねるのは、自分勝手というものです。

このように、**自分が気になるものについては、自分の仕事だと捉えて動くこと**で、夫婦間の家事や育児に関する摩擦を軽減することができます。

おわりに

今回、「丸投げ」というテーマで本を書いたのですが、実は「仕事をすべて他人に任せる」というよりも「役割分担」だと考えています。経営者として、全体的な構想やビジョンに専念することが、効率的だと思うのです。

マネジメントにおいても、たとえば部下に仕事を任せることで、その人の成長につながりますし、自分で仕事を進めることで、仕事に対する面白みも増します。逆に、指示されたことだけをやる作業に終始してしまうと、仕事が辛くなりがちです。

よく聞く話ですが、同じ動作を繰り返す反復的な仕事、たとえば工場での単純作業などは、確かに楽な一方で苦痛だとも言われますよね。自分の仕事を理解し、ある程度の裁量を持って進める方が、仕事が面白くなり、やる気も湧いてくるものです。

私が日本で開業する際に良かったと思ったのは、日本に住んでいる方々、外国の方々を含め、日本の文化に非常に惹かれ、定住しているということです。日本の文化や日本人の特徴として、真面目に仕事をし、自分より上司を良くも悪くも慕い、言うことを聞こうとする部分があります。

たとえば、欧米のように自己主張が強い国では、部下が上司に対してガンガン意見を言うし、上司もそれをマネジメントしなければならない部分があるでしょう。しかし、日本では、私が「こういう構想を抱いている」というビジョンを明確に示すと、それがしっかりと理解され、その方向に柔軟に動いてくれる点が非常にありがたいのです。ですので、欧米のジョブ型雇用をベースにしつつも、日本独自の企業文化を新たに作り上げていければ良いのではないかと考えています。

私自身、韓国で育ちましたが、韓国人と日本人を区別することはありません。ただ、アジア全体を見渡すと、良くも悪くも封建的な要素が存在しており、集団での行動が得意です。ですから、その集団力を活かせば、アメリカのように超高いビジネススキルを持たなくても、結果を出せるでしょう。日本のようにチーム力を高めて、仕事を丸投げし、企業文化と一体となることで、大きな目標を達成できるのではないかと思っています。

そういった意味で、丸投げという表現を通じて、スタッフをリスペクトし、企業価値を高めることが必要だと考え、本書を執筆しました。

本書を書くにあたって、スタッフのみんな、家族に協力してもらえたことを感謝します。

大山正修

弱小チームを自律組織に育てる
丸投げマネジメント論

2024年10月3日　第1刷発行

著　者　大山正修
編集人　宮﨑　博
発行人　高橋フィデル

発行所　JAPAN VISITORS BUREAU（株式会社ジェイブ）
〒206-0002　東京都多摩市一ノ宮1丁目7-4
SKYガーデンコート聖蹟1号練
TEL：042-401-8666　FAX：042-401-8008
http://www.jvb.co.jp
　ISBN978-4-908166-31-0